DESENVOLVIMENTO REGIONAL: Uma Visão Amazônica

Luiz Eduardo Pinheiro Nistal (Org)
Sergio Nogueira do Nascimento
Gerasid Matos Castelo Branco
Melquíades Ferreira Campos Neto
Louise Marlyne Cordeiro Nistal

VIRTUALBOOKS

LUIZ EDUARDO PINHEIRO NISTAL (ORG.)

DESENVOLVIMENTO REGIONAL: Uma Visão Amazônica

VIRTUALBOOKS
MINAS GERAIS - BRASIL
2019

Aos agentes públicos, acadêmicos e todos aqueles interessados em entender e/ou promover a qualidade de vida e o bem-estar social dos amazônidas e de qualquer cidadão do mundo.

APRESENTAÇÃO

Luiz Nistal

Os desafios imposto pela economia globalizada aos formuladores das políticas públicas, empresários e pela sociedade, ultrapassa os conceitos de crescimento econômico e abrange aquilo que se denomina Desenvolvimento Regional. Neste contexto, faz-se mister entender o referido contexto e como ocorreu o processo de desenvolvimento na América Latina, Brasil e na Amazônia, bem como buscar alternativas para o modelo vigente a fim de mitigar as externalidade geradas pelo desenvolvimento atual.

Desta forma, este livro, é uma coletânea de artigos que debate o tema do desenvolvimento regional na região Amazônica, dispostos em cinco artigos:

a) **Associativismo: Alternativa de Desenvolvimento do Brasil e da América Latina**, o artigo é uma pesquisa bibliográfica que discute o desenvolvimento e a urbanização da América Latina e do Brasil, bem como estudou os conceitos e as manifestações das associações como forma alternativa ao desenvolvimento vivenciado na região;

b) **Teoria Institucionalista e o desenvolvimento regional,** Estudo do ambiente organizacional a partir da teoria institucional é resultado da ciência política, sociologia e economia que buscam incorporar, por meio de suas proposições, a ideia de instituições e padrões relacionados a comportamentos, normas, valores e crenças, tanto no âmbito individual como em grupos e organizações (Machado - Silva ; Gonçalves, 1999 ; Hodgson, 2000). A teoria institucional proporciona importantes contribuições para o desenvolvimento regional e para gestão das organizações, uma vez que os processos resultam não apenas da ação humana, mas igualmente das interações no contexto cultural e político (FACHIN ; MENDONÇA, 2003). As teorias do crescimento ou desenvolvimento regional em seus estudos constataram diferenças de ritmo e de nível entre países ou regiões. Gunnar Myrdal (1957), desenvolveu a "teoria da causação circular acumulativa", onde procura explicar a natureza desigual do desenvolvimento econômico. Podemos observar que a nova geografia econômica busca explicar a relação entre as concentrações populacionais e as atividades econômicas, as diferenças entre regiões industriais e agrícolas, localização das cidades e o papel das aglomerações na indústria. Em grande parte, os fenômenos ligados à concentração das atividades ocorrem devido a algum tipo de economia da aglomeração, cuja concentração espacial cria um ambiente economicamente favorável que sustenta uma concentração continuada;

c) **Capacidade Institucional da Suframa como Protagonista do Desenvolvimento Regional a partir do Polo Industrial de Manaus - PIM**, O Plano Diretor Industrial–PDI- elaborado em 2017, traça as Diretrizes táticas para a área de atuação da Suframa -2017 -2015, com base nos objetivos estratégicos da Autarquia, contidos em seu planejamento. O Plano foi elaborado pela Suframa de forma participativa com várias entidades civis, e consta no Capítulo 3 com o título de Política Industrial e Planejamento Institucional, que o maior desafio para o modelo (Zona Franca de Manaus), seria na perspectiva institucional, tendo em vista que a estrutura institucional em diversos aspecto, também entendido como ambiente institucional, comprometem a atuação da Suframa como protagonista do desenvolvimento regional, reduzindo a sua autonomia para regular os processos produtivos e investir em soluções para as demandas locais que vão desde a capacidade institucional da SUFRAMA até a vulnerabilidade do marco regulatório da atividade econômica. A abordagem adotou como teoria que o ambiente institucional tem uma função elementar no sistema econômico: reduzir sua incerteza. E que a estrutura institucional é crucial para se sustentar um sistema econômico, de modo que a sua fragilização é fator causal de insucesso na indução do investimento econômico. Palavra Chave: capacidade, desenvolvimento regional, polo industrial de Manaus ambiente e estrutura institucional, sustentar e indução do investimento econômico;

d) **Potencialidade do Açaí para o Desenvolvimento Econômico do Amazonas**, A produção e cultivo do açaí vêm despertando grandes interesses por conta de suas potenciais propriedades e por ter se tornado uma importante fonte de renda e emprego, levando a conquista de novos mercados, sendo este de fundamental importância para a economia local. O açaizeiro é extremamente versátil, no entanto, seu fruto é o produto mais importante. O fruto, consumido como produto alimentício, é rico em vitaminas, proteínas, fibras, minerais, componentes antioxidantes e lipídios. O objetivo com esse artigo foi demonstrar a potencialidade do Euterpe precatoria Mart (açaí do Amazonas), avaliar a evolução da produção, no período de 2011 a 2017 e também apresentar inúmeras possibilidades que justificam sua implementação com maior expressividade nos municípios produtores do Amazonas que irão contribuir para o desenvolvimento da economia amazonense;

e) **A Relação da Educação de Jovens e Adultos e o Mercado Trabalho**, este artigo é uma pesquisa descritiva que compreende fazer um estudo bibliográfico a respeito das políticas de Educação de Jovens e Adultos e sua relação com o mercado de trabalho, estabelecendo a importância da EJA na inserção dos alunos nesse mercado e como a expansão do mercado de trabalho influencia a procura pela EJA. Ainda, buscou-se verificar a realidade da cidade de Manaus por meio de questionário aos alunos da EJA.

SUMÁRIO

ASSOCIATIVISMO: ALTERNATIVA DE DESENVOLVIMENTO DO BRASIL E DA AMÉRICA LATINA   8
1. Introdução   8
2. Desenvolvimento da América Latina   9
3. Um novo paradigma de Desenvolvimento: Desenvolvimento Solidário   12
4. Associativismo, Organização Econômica Popular (OEP) e Capital Social   13
5. Conclusão   16
5. Referências   17

TEORIA INSTITUCIONALISTA E O DESENVOLVIMENTO REGIONAL   18
Introdução   18
2. Teoria Institucional   19
3. Desenvolvimento Regional   21
4. Conclusão   22
5 - Referências   22

CAPACIDADE INSTITUCIONAL DA SUFRAMA COMO PROTAGONISTA DO DESENVOLVIMENTO REGIONAL A PARTIR DO POLO INDUSTRIAL DE MANAUS - PIM   24
1. Introdução   24
2. Governança e Aspectos Administrativos   25
3. Contexto da Suframa e Superintendências Regionais na Política de Desenvolvimento Regional do País   30
9. Percurso Histórico   34
5. Evolução da ZFM - Processo de Industrialização e Desenvolvimento Regional   38
6. Conclusão   62
7. Referências   64

POTENCIALIDADE DO AÇAÍ PARA O DESENVOLVIMENTO ECONÔMICO DO AMAZONAS   66
Introdução   66
2. Potencialidades do Açaí   66
3. A Lenda do Açaí   68
4. Origem - Açaizeiro   68
5. Possibilidade de Uso   69
6. Polpa de Açaí   70
7. Desenvolvimento Sustentável   73
8. Produção na Extração de Açaí (Fruto) nos anos 2011 e 2017   74
9. Possibilidades de Desenvolvimento   75
10. Conclusão   76
11. Referências   77

A RELAÇÃO DA EDUCAÇÃO DE JOVENS E ADULTOS E O MERCADO DE TRABALHO   79
1. Introdução   79

2. Perfil da EJA   80

3. A EJA e o Mercado de Trabalho   86

4. A EJA sob a Ótica do Aluno de uma Escola do Município de Manaus   90

5. Conclusão   91

6. Referências   91

AUTORES   **94**

ASSOCIATIVISMO: ALTERNATIVA DE DESENVOLVIMENTO DO BRASIL E DA AMÉRICA LATINA

Luiz Eduardo Pinheiro Nistal

1. Introdução

Em mais de dez anos, a economia mundial passa por uma crise iniciada nos Estados Unidos da América nos anos 2007 e se alastrou para outros países, refletindo na economia brasileira, impedindo que economias como a chinesa não alcance os patamares de crescimento do Produto Interno Bruto (PIB) na ordem de dois dígitos percentuais e levou o Brasil a passar por um desaquecimento econômico e um aumento para mais de 10% do nível de desemprego.

O crescimento econômico, no entanto, faz parte de um todo e é de fundamental para geração de desenvolvimento, seja econômico seja social. Apesar de muitos confundirem os dois conceitos, o crescimento econômico trata do aumento da atividade econômica, sendo o Produto Interno Bruto (PIB) como o principal indicador, enquanto o desenvolvimento econômico refere-se a distribuição da renda, o acesso da sociedade aos diversos bens e serviços, públicos e privados, e em último instância na democracia.

Observando o processo de desenvolvimento da economia brasileira, verifica-se a dependência dos capitais externos, exportação de commodities e urbanização acelerada e sem planejamento. No Estado do Amazonas e sua capital Manaus também refletiu essas características, principalmente com a implantação do modelo Zona Franca de Manaus de desenvolvimento econômico, implicando em uma uma realidade dual com índice de desenvolvimento humano variando entre valores comparáveis ao da Noruega e Bolívia (SEPLAN, 2007).

Ao se deparar com tal realidade questiona-se como é possível diminuir a dependência com o capital externo e diminuir as desigualdades sociais? Verificou-se na literatura a importância das associações, sejam os empreendimentos econômicos solidários (EES), cooperativas em geral ou outras formas de união de pessoas na produção, venda, ou compra de bens e serviços, definidas como "o processo pelo qual uma ou mais pessoas e/ou grupo(s) decidem reunir-se de forma regular, para dar conta de demandas comuns" (ALBUQUERQUE, 2003).

Destaca-se para formação e manutenção dessas associações de Capital Social, tipo especial de capital no qual mede o nível de confiança das instituições. No Brasil, nas últimas duas décadas, a partir dos anos 1980, "migrou", de maneira ainda tímida, da aparelhagem estatal para as instituições menores como as associações de moradores, ajudando no processo de democratização brasileira e apoiando alternativas econômicas (BAQUERO, 2003).

Assim, o objetivo desse artigo foi estudar as associações como uma forma de alternativa de desenvolvimento econômico e social. Para tanto estabeleceu-se os seguintes objetivos: a) urbanização da América Latina; b) definição de associações; c) relacionar capital social às associações.

Como metodologia, o artigo é uma pesquisa bibliográfica, no qual se levantou literatura sobre o desenvolvimento e urbanização da América Latina e Brasil, as definições de associação e o conceito de capital social, nas obras Pobreza e Exploração do Trabalho na América Latina, de Pierre Salama, Desenvolvimento como Liberdade, de Amartya Sen, "Introdução à Economia Solidária" e "Economia Política da

Urbanização", de Paul Singer, Construindo uma Outra Sociedade: O Capital Social na Estruturação de uma Cultura Política Participativa no Brasil, de Marcello Baquero, Empreendimento Econômico Solidário (EES) como Alternativa de Ocupação e Geração de Renda Para Cidade de Manaus, de Luiz Nistal, Economia Popular e Cultura do Trabalho: Pedagogia(s) da Produção Associada, de Lia Tiriba, Em Busca de Novo Modelo : Reflexões sobre a crise contemporânea, de Celso Furtado, Desenvolvimento Econômico, Nali de Souza e Associativismo, de Paulo Albuquerque.

2. Desenvolvimento da América Latina

As diversas ciências, sobretudo, das Ciências Sociais, principalmente nas últimas décadas, preocupam-se e repercutem o termo "Desenvolvimento"adicionando a este novos adjetivos, "social", "econômico", "sócio-econômico", "regional", "local", "sustentável" etc., requerendo, em virtude da complexidade do termo, um estudo aprofundado e que esmiúce cada uma dessas definições, de acordo com o adjetivo que recebe e a subjetividade do pesquisador em relação ao objeto pesquisado.

Ao passo que há a preocupação na definição do conceito de desenvolvimento, na Ciência Econômica encontra-se ainda o conceito de crescimento econômico, definido "como uma simples variação quantitativa do produto, enquanto o desenvolvimento envolve mudanças qualitativas no modo de vida das pessoas, das instituições e das estruturas produtivas" (SOUZA, 2005, pg. 06). Em outras palavras, o desenvolvimento considera mudanças estruturais que "definem a passagem de um sistema econômico tradicional a um sistema econômico moderno" (CHENERY, 1981, apud SOUZA, 2005, pg. 06).

Desta forma, considerando o desenvolvimento como uma mudança qualitativa no modo de vida, uma mudança das estruturas econômicas tradicionais para um sistema econômico moderno, implica afirmar que este só existe quando a renda da população aumenta tornando-se maior que a própria população, quando há melhoras nos serviços de saúde, e quando o sistema econômico vigente torna-se capitalista, implicando em dividir o mundo em países "desenvolvidos" e aqueles "subdesenvolvidos".

A maioria dos países, cerca de 80% da população mundial são pertencentes a países subdesenvolvidos (WIKIPÉDIA, 2008), é caracterizado como subdesenvolvimento, no qual a República Federativa do Brasil está no rol desses países, com uma população estimada em 2007 183. 987.291 (IBGE, 2008), que entrou o começo do novo milênio com os 50% mais pobres desfrutando de apenas 12% da riqueza, enquanto 1% da parcela mais rica do país possui 13% desta riqueza (HOFFNAM, 2000), mostrando o grande abismo sócio-econômico.

Essa grande desigualdade sócio-econômica contrapondo com a opulência do PIB deveu-se, principalmente, a um processo largamente utilizado na América Latina na segunda metade do século XX, o processo de substituição de importações, importante para o desenvolvimento industrial (capitalista) desta região, e suas modificações recentes.

O referido processo provocou, na América Latina, uma rápida urbanização, um inchaço metropolitano, uma financeirização das empresas, explorando cada vez mais o trabalho e, a busca por uma alternativa de sobrevivência por parte daqueles que são excluídos, ou mesmo pertencentes ao sistema dentro do exército industrial de reserva, que se associam sob diversas formas, destacando-se aqui as Organizações Econômicas Populares – OEP.

1.1 O Desenvolvimento Capitalista e a Urbanização da América Latina

Inspirado pelas iniciativas dos Estados de Bem-Estar Europeus e apoiados pelos EUA, o pensamento de Desenvolvimento germinou nos Estados Latino-Americanos pós segunda Guerra. O apoio dos EUA foi importante não somente no estabelecimento das ditaduras na região, como na criação da instituição formuladora do pensamento Sócio-Econômico Latino- Americano, a CEPAL, Comissão Econômica para América Latina e Caribe.

A comissão, criada pelas Nações Unidas, teve a contribuição, além do ilustre economista Celso Furtado, cujos posicionamentos teórico-político influenciaram incisivamente no desenvolvimento capitalista brasileiro, do economista argentino Raúl Prebisch, importante na conduta econômica latino-americana de substituição de importação, que desenvolveu a industrialização, principalmente, argentina, brasileira e mexicana.

Como esboçou SOUZA, 2005, em seu livro Desenvolvimento Econômico, a economia subdesenvolvida vive em círculo vicioso: a economia sustenta-se com a relação estabelecida com o mercado externo e está compartimentada em três setores, de subsistência, mercado interno e mercado externo. O superávit do setor agrícola, dependente, em sua maioria de um produto, é o motor da balança comercial, responsável por financiar o déficit do setor industrial urbano, que importa máquinas, equipamentos e insumos industriais, produzindo para o mercado interno.

Manter o equilíbrio da Balança Comercial é muito frágil, uma vez que os produtos primários têm seu valor reduzido, sem uma contrapartida de redução dos preços dos produtos industrializados importados, provocando um déficit na balança comercial da economia, que aumenta a necessidade de recursos externos, como empréstimos para manter seu consumo, aumentando sua dependência (SOUZA, 2005).

A proposta de Raúl Prebisch possuía os seguintes pontos:

> (a) compressão do consumo supérfluo, por meio do estabelecimento de tarifas elevadas e de restrições quantitativas às importações; (b) incentivo ao ingresso de capitais externos, principalmente na forma de empréstimos de governo a governo, a fim de aumentar os investimentos, sobretudo para implantação da infra-estrutura básica; (c) realizações de reforma agrária, para aumentar a oferta de alimentos e matérias-primas agrícolas, bem como a demanda de produtos industriais, mediante a expansão do mercado interno; e (d) aumento da participação do Estado na capacitação de recursos e na implantação de infra-estrutura, como energia, transportes, comunicações etc.(SOUZA, 2005, p. 158).

A partir da década de 1960, a orientação proposta por Prebisch foi seguida na América Latina e seus resultados vistos no Brasil, quando este diversificou sua pauta de exportação, por meio da substituição dos bens intermediários e bens de consumo duráveis, e produção capaz de extrapolar a demanda interna (SOUZA, 2005).

Como resultado desta orientação, a América Latina se industrializou, em menos de cinqüenta anos, tendo grandes progressos nas décadas de 1960 e 1970, e crises na década seguinte, 1980, a chamada "década perdida", levando à crise do modelo e abertura econômica já na década de 1990, provocando uma modernização do parque industrial latino-americano, com a automação das indústrias com grande coeficiente do trabalho, provocando, assim, elevado desemprego.

A deterioração do trabalho e o aumento da pobreza não se restringiram à intensificação do exército industrial de reserva, mas, como apresenta SALAMA, 1999, a um aumento da mais-valia, que não se restringe ao uso da mão-de-obra, mas também do capital, através do processo de financeirização das empresas, e da polivalência de uma força de trabalho qualificada ou não.

Com a "Década Perdida", as empresas não podem contar com os empréstimos bancários, pois estes se encontram em situação delicada, já que seus empréstimos não conseguem ser totalmente pagos pelos depósitos, devido a uma hiperinflação, bem como por possuírem uma obsolescência do seu aparelho produtivo e tendo de enfrentar uma forte concorrência externa, provocada por uma rápida liberalização do comércio exterior, tendem a recorrer ao mercado financeiro, lançando suas ações nas bolsas de valores, disputando recursos com o Estado, que vendem bônus do tesouro e títulos da dívida, a fim de se financiar e reduzir a inflação. Assim, começa a financeirização das empresas (SALAMA, 1999).

O financiamento das empresas, na Bolsa de Valores, ocorre quando essas apresentarem custos baixos, e conseqüentemente lucro maior, e em uma economia globalizada. Na América Latina, nessas últimas décadas, significou uma maior automação, ou seja, atividade intensiva em capital, e redução do custo do trabalho. Reduzir o custo de trabalho significou deixar elevada o exército industrial de reserva e flexibilizar a utilização da mão-de-obra (SALAMA, 1999).

Em se tratando da relação entre financeirização da economia e flexibilidade do trabalho, SALAMA, 1999, conclui:

> Num primeiro momento a expansão das finanças, num contexto de economia relativamente fechada e pouco liberalizada, tinha efeitos perversos sobre a acumulação e as formas de exploração da força de trabalho. Num segundo momento, o desenvolvimento de mercados financeiros "emergentes", em um contexto diferente, de economia mais aberta e mais liberalizada, tem inicialmente efeitos menos perversos. A flexibilidade do trabalho aumenta e as formas modernas de exploração da mão-de-obra se desenvolvem. A financeirização as atividades se opõe ao aumento necessário da taxa de acumulação, e o desemprego e a exclusão crescem ao mesmo tempo em que as atividades informais se concentram nos segmentos de "estrita sobrevivência (SALAMA, 1999, pg. 124).

Essa passagem revela a relação de exclusão e financeirização existente no processo de globalização, na qual os países latino-americanos estão inseridos, e que não se restringe exclusivamente a esses países, mas também se apresentam nos países desenvolvidos. É interesse observar, a conseqüência deste processo, o importante aumento das atividades informais, com a qualidade de sobrevivência.

A relação entre o campo e a cidade se transformou com o processo de industrialização latino-americano. A zona rural ficou cada vez mais subjugada à zona urbana, uma vez que a primeira, produzindo produtos primários, tornou-se deficitária, economicamente, da segunda, produtora de produtos industrializados e serviços, cujo valor agregado é maior do que os produtos primários. Essa riqueza maior das zonas urbanas chamou a atenção da mão-de-obra rural, que migrou intensamente do campo para cidade, capaz de menos de meio século produzir um "inchaço" nas cidades e esvaziamento do campo.

A respeito desse processo, SINGER, 1998, aponta duas caracterizações da urbanização latino-americana:

> Castells caracteriza a urbanização na América Latina com os seguintes traços: aceleração crescente, desnível entre o fraco desenvolvimento das forças produtivas e a acelerada concentração espacial da população, formação de uma rede urbana truncada e desarticulada "que não hierarquiza as aglomerações segundo uma divisão técnica de atividades" (p.10). Quijano, por sua vez, vê o processo de urbanização na América Latina produzindo "enorme desequilíbrio inter-regional, urbano-rural e interurbano",tremenda concentração dos benefícios nas regiões e cidades mais profundamente vinculadas às metrópoles externas, acabando por lhe atribuir uma 'acentuação' do subdesenvolvimento" ("Dependência etc." p.131).

As duas caracterizações mostram, por um lado, o rápido crescimento populacional urbano, sem a contrapartida de um rápido crescimento dos serviços urbanos. Por outro lado, temos uma aceleração urbana dependente, não de um processo interno de evolução do capitalismo nacional, caracterizado por uma hierarquização das cidades regionais, mas sim de um processo de dependência com o capital externo, que privilegia aquelas cidades dependentes das metrópoles externas, acentuando, com isso, a pobreza e as desigualdades, ou seja, o subdesenvolvimento.

O desenvolvimento capitalista da América Latina, escolhido para promover o desenvolvimento socioeconômico da região, teve grande impulso através da política de substituição de importação, seguida de uma política neoliberal de abertura comercial e a minimização do Estado na esfera econômica, produziu não um desenvolvimento, mas como explica FURTADO, 2000, uma modernização da economia regional, além, da financeirização das atividades econômicas, que acentuaram a pobreza e as desigualdades internas, e uma urbanização acelerada, caracterizada por uma falta de hierarquia interna, dependência das metrópoles de países desenvolvidos, e uma população incapaz de ter suas demandas saciadas na totalidade, buscando no mercado informal da economia, ou em atividades geradoras de poucos ganhos, de forma associativa ou individual, um meio de sobrevivência.

3. Um novo paradigma de Desenvolvimento: Desenvolvimento Solidário

A América Latina, nas últimas décadas, observou um grande crescimento econômico, modernização da sua economia, mas, como fora apresentado, teve que encarar uma forte desigualdade, pobreza, exploração do trabalho e a favelização de suas cidades. Essa dicotomia econômica e espacial encontradas dentro e fora dos centros urbanos latino- americanos tem suas raízes nos meios e fins de seu desenvolvimento.

A segunda metade do século XX teve a ditadura como marca política dos países latino-americanos, a intervenção do Estado na economia, proporcionando infraestrutura a fim de se alçar maior crescimento econômico possível, deixando a divisão dessa riqueza para um segundo estágio, fechamento da economia ao mercado externo, devido ao modelo de substituição de importação, e a dependência do capital estrangeiro, principalmente do grande capital, por meio das multinacionais.

Portanto, o desenvolvimento Latino Americano, dado neste período, não poderia ser diferente do quadro, tendo em vista que os meios deste processo não tiveram a liberdade como princípio (ditadura, fechamento econômico, dependência de capital), nem o seu fim buscava a liberdade, "crescer o bolo para depois repartir".

O desenvolvimento econômico, segundo SINGER, 2004, em seu artigo "Desenvolvimento Capitalista e Desenvolvimento Solidário", pode ser dividido entre duas

> vertentes, como sugere o nome do artigo, desenvolvimento capitalista e desenvolvimento solidário. O primeiro é regido pela "égide do grande capital e moldado pelos valores do livre funcionamento dos mercados, das virtudes de competição, do individualismo e do Estado mínimo", por outro lado, o desenvolvimento solidário é aquele "realizado por comunidades de pequenas firmas associadas ou de cooperativas de trabalhadores, federadas em complexos, guiado pelos valores da cooperação e ajuda mútua entre pessoas ou firmas, mesmo quando competem entre si nos mesmos mercados" (SINGER, 2004, pg. 04).

A grande característica do desenvolvimento capitalista é a concorrência entre os capitais privados, implicando modernidade tecnológica, por investimentos em P&D, e exclusão social, na medida em que o capital torna-se mais eficiente, necessitando de menos mão-de-obra para o trabalho, e assim, aumentando o desemprego (SINGER, 2004).

Esse processo, bem visível nos países Latino-Americanos, não pode ser considerado como modelo de desenvolvimento de uma região, uma vez que aprisiona a maior parte da população, aqueles que não possuem o capital, a uma busca incessante por emprego e renda, que na maioria das vezes não é capaz de possibilitarem as condições mínimas de sobrevivência, e tendo em vista a concepção de SEN, 2000, este só existe quando os meios e o seu objetivo, seu fim, têm como princípio a liberdade. A liberdade, assim, tem seu papel instrumental e o seu papel constitutivo, respectivamente. No que se refere ao primeiro papel,

> o papel instrumental da liberdade concerne ao modo como diferentes tipos de direitos, oportunidades e intitulamentos contribuem para a expansão da liberdade humana em geral e, assim, para a promoção do desenvolvimento. [...] os seguintes tipos de liberdades instrumentais: (1) liberdades políticas, (2) facilidades econômicas, (3) oportunidades sociais (4) garantias de transparência (5) segurança protetora (SEN, 2000, pg. 53-55).

Em relação ao segundo papel,

> O papel constitutivo relaciona-se à importância da liberdade substantiva no enriquecimento da vida humana. As liberdades substantivas incluem capacidades elementares como, por exemplo, ter condições de evitar privações como a fome, a subnutrição, a morbidez evitável e a morte prematura, bem como as liberdades associadas a saber ler e fazer cálculos aritméticos, ter participação política e liberdade de expressão etc. (SEN, 2000, pg. 52).

A perspectiva apresentada anteriormente fundamenta a incapacidade do modelo de desenvolvimento latino-americano de produzir tal objetivo, e aponta que para uma localidade ou região alcançar o desejado desenvolvimento é necessário um estado de democracia política, na qual seja permitida a liberdade de expressão e a oportunidade dos diversos grupos trabalharem para saciar suas necessidades, crescimento e equidade econômica, oportunidade das pessoas de usufruírem dos serviços de saúde e educação, confiança das pessoas entre si e nas instituições, além da garantia de estarem seguras, possibilitando a população o usufruto da sua liberdade.

Mas como buscar liberdade se o próprio sistema econômico vigente leva a castração da liberdade, não só pela a criação do enorme exército industrial de reserva, não só pela pobreza e a desigualdade social, mas por incentivar um dos desejos mais nocivos do ser humano, a vaidade.

Essa vaidade que faz, por exemplo, a população negra estadunidense possuir a mesma esperança de vida da população de um país subdesenvolvido (SEN, 2000); estimula o egoísmo, fazendo com que cada vez mais o indivíduo perca seu senso de parte de uma comunidade; e dentro outras coisas, criar a ilusão de que o indivíduo possui necessidades infinitas, gerando um consumismo doentio.

O desenvolvimento do modo de produção solidário opõem-se a essa realidade e se aproxima com o conceito de SEN. O desenvolvimento solidário não impede o progresso científico, tecnológico, pelo contrário, incentiva-o com a prerrogativa de este ser de alcance de toda a sociedade, por conseguinte dos diversos produtores, que não só dividem conhecimento, mas também, a riqueza produzida de maneira equitativa, mesmo dispostos em mercado, através de unidades produtivas composta por um única pessoa, ou por associação, como as cooperativas, no assim chamados Empreendimentos Econômicos Solidários- EES (SINGER, 2004).

4. Associativismo, Organização Econômica Popular (OEP) e Capital Social

A história vem mostrando que uma das grandes virtudes do ser humano é a sua propensão à vida social, aliás, um grande filósofo da antiguidade caracterizou o homem como um ser político. Essa propensão situa-se como uma das três principais propensões, que como explica SOUZA, 2006, "propensão é uma resposta ao ambiente" (SOUZA, 2006, pg.130): vida social, à troca e ao trabalho especializado (SOUZA, 2006).

Dizer que o homem é um ser social, político, ou que possui propensão à vida social, implica dizer que ele é um ator externo ao seu meio, modificando e se modificando nele, e que ele é capaz de conviver com seus semelhantes e, assim, construir uma comunidade, seguindo uma ordem social e, conseqüentemente, dividiu tarefas e trocar mercadorias (SOUZA, 2006).

A propensão econômica mostrada pelo homem social levou-o a se organizar em diversas formas econômicas ao longo da história, chegando ao sistema econômico dominante atual, o capitalismo, o qual dividiu a sociedade em três classes: classe dos ricos, dos pobres e a classe média. Cada uma dessas classes possui satisfatores e meios para adquirir renda, e assim satisfatores.

Os ricos são, na sua maioria, os detentores dos meios de produção, procuram imitar os satisfatores da população dos países desenvolvidos (FURTADO, 2002), e para consegui- los, exploram aqueles que trabalham para eles, as outras duas classes, através do próprio trabalho e da venda das mercadorias produzidas.

A classe média imita os satisfatores dos ricos (FURTADO, 2002), e, como não detém os meios de produção, ou tentam, por meio legais, conseguirem capital, tornando-se micro ou pequenos capitalistas, ou se sujeitam trabalhar para os primeiros, dirigindo-se principalmente aos cargos "pensantes" da empresa, ou seja, a parte administrativa ou de projetos de engenharia, que possibilita aos seus patrões maximização de lucros, e por isso recebendo um salário maior. Essa propensão pensante faz dessa classe também parte principal da intelectualidade do país.

A última classe, como aponta TIRIBA, 2001, gostaria de consumir os satisfatores das outras classes, mas consomem o que a sua renda os possibilita, e as vezes, nem satisfatores conseguem para satisfação suas necessidades, e como não possuem meios de produção, nem educação suficiente para serem parte da intelectualidade nacional, procuram maximizar de todas as formas suas atividades, a fim de conseguirem renda ao menos para sobreviverem, trabalhando nas empresas da primeira ou segunda classe, ou constituindo, com a classe média, o que a autora caracteriza de Economia Popular, composta por cinco tipos de atividade, basicamente:

(a) Soluções assistenciais, como mendicância nas ruas, subsídios oficiais para indigentes, sistemas organizados de beneficência pública ou privada orientados a setores de extrema pobreza etc.

(b) Atividades ilegais ou envolvendo pequenos delitos, como prostituição, pequenos roubos, pequenos pontos de venda de drogas, ou outras atividades consideradas ilícitas ou à margem das normas sociais e culturais.

(c) Iniciativas individuais informais, como comércio ambulante, serviços domésticos de pintura e limpeza, mensageiros com locomoção própria, guardadores de carros, coletores e vendedores de ferro-velho etc., muitas vezes vinculadas ao comércio formal.

(d) Micro empresas e pequenos escritórios e negócios de caráter social, individual ou de dois a três sócios, como pequenos comércios de bairro, oficinas de costuras, bares etc. (geralmente dirigidos pelos próprios empresários, com a colaboração da própria família).

(e) Organizações econômicas populares, como organizações de pequenos grupos, para buscar, associativa e solidariamente, a forma de encarar seus problemas econômicos, sociais e culturais mais imediatos (geralmente surgidos de paróquias, comunidades, sindicatos, partidos políticos e outras organizações populares) (RAZETO, 1993b, p 36-37) (TIRIBA, 2001, pg. 116).

A resposta, então, encontrada pela classe pobre para poder ao menos consumir os satisfatores mínimos para sua sobrevivência, está situada entre atividades imorais, ilegais ou socialmente positivas, como as Organizações Econômicas Populares, entre os quais, seu principal representante, têm-se os Empreendimentos Econômicos Solidários.

As Organizações Econômicas Populares (OEP), como ditas anteriormente possui três características que se deve ressaltar: o associativismo, a solidariedade e a sua origem. A primeira das características é definida como "o processo pelo qual uma ou mais pessoas e/ou grupo(s) decidem reunir-se de forma regular, para dar conta de demandas comuns [...] busca um consenso sobre as divergências, por princípios éticos" (ALBUQUERQUE, 2003, pg. 15). Desta forma, podem-se caracterizar as OEP como um grupo de pessoas que se reúnem regularmente em prol de conseguir o bem-estar comum, mesmo se houver alguma divergência entre elas.

O associativismo pode ser classificado de diversas formas, dentre elas tem-se a forma normativa que o distingue em seis grupos: associação filantrópica – voluntários que prestam assistência social; associação de moradores – pessoas que moram no mesmo espaço urbano, tendo o objetivo à melhoria da infra-estrutura social; associação de defesa da vida – pessoas marginalizadas, unidas para garantir direitos sociais mínimos; associação cultural, desportivo e sociais; associação de classe – conselhos profissionais e federações tendo objetivo uma maior participação na renda do trabalho coletivo; associação de trabalho – associação de trabalhadores ou pequenos produtores com o intuito de realizar alguma atividade econômica, caso da OEP e, conseqüentemente, dos Empreendimentos Econômicos Solidários (EES). (ALBUQUERQUE, 2003).

A segunda característica das OEP, o solidarismo, liga esta a própria comunidade e o bem-estar gerado por sua existência. Esse termo, vinculado, inicialmente, à comunidade, família e vizinhança, significava abrigo e segurança diante das adversidades, modificou-se quando o indivíduo não se identificava mais com o seu vizinho, e muitas vezes sem manter comunicação com este, e até mesmo com a comunidade onde mora, e agora ganha um "sentido interclassista para com o outro (pobre, o diferente racial e ideologicamente), incluindo as demais formas de vida (a natureza)" (LISBOA, 2003, pg. 247-248). Assim, as OEPs ganham mais um significado, o de fazer com que o indivíduo, atualmente autônomo à comunidade, se interage com o seu vizinho e com a própria comunidade.

A última característica é sua origem. Como fora citada, as OEPs possuem diversas origens, dentre elas a comunidade, representada pela associação de moradores, o que fortalece ainda mais a relação das OEPs com a comunidade, e o seu sentido solidário. No entanto, para a segunda característica ser fortalecida, deve-se estabelecer os princípios seguidos por estas associações de moradores.

Em termos normativos jurídicos, as associações devem possuir, como apresenta a constituição e o código civil, caráter de sociedade civil sem fins lucrativos; patrimônio formado por taxas pagas pelos associados, doações, fundos e reservas; representar seus associados em ações coletivas; possuir uma assembléia geral na qual os associados tem direito a um voto nas decisões da associação; não remunerar os dirigentes pelo exercício de suas funções; reinvestir na própria associação as sobras das operações financeiras; declarar anualmente uma isenção de imposto de renda (ALBUQUERQUE, 2003)

Através das normas listadas acima observa-se o princípio democrático que deve ser seguido pelas associações, como decisões tomadas por uma assembléia formada pelos associados, na qual todos têm o peso igual na votação. Outro princípio é o da solidariedade , uma vez que esta instituição representa os interesses dos seus associados, no caso das associações de moradores, a solidariedade torna-se mais evidente por levar o indivíduo a interagir e trabalhar em prol da sua comunidade, e colocá-lo mais próximo dos seus vizinhos.

Os princípios das associações, em especial das associações de moradores, o aproxima das OEPs, tanto nos princípios destas, como na responsabilidade das associações de moradores na criação das OEPs, visto que ao representar os interesses dos associados, muitas vezes desempregados, as associações de moradores acabam por organizar empreendimentos econômicos populares, no caso solidário, por serem estes uma forma de gerar trabalho e renda, de forma solidária, já que ninguém é patrão de ninguém e todos trabalham não só para si, mas também para sua comunidade.

Os EES são caracterizados como "as diversas modalidades de organização econômica, originadas da livre associação dos trabalhadores, com base em princípios de autogestão, cooperação, eficiência e viabilidade" (GAIGER, 2003, pg. 135). Estes princípios significam que os EES são geridos pelos próprios trabalhadores, que trabalham para conseguirem renda suficiente para si, para manterem seu empreendimento, e para sua comunidade. Uma importante característica dessas organizações, como aponta SINGER, 2001, é não expropriação da mais-valia. Por serem os trabalhadores donos da empresa, eles repartem de maneira igualitária os ganhos, e ainda os repartem com a comunidade, gerando uma re-ligação do trabalhador com o seu fruto, as mercadorias em geral e o capital, e gerando um bem-estar mental, como aponta TIRIBA, 2001, pelo fato de não haver patrão nas empresas. Por gerarem trabalho e renda aqueles sem condições para isso, por possibilitarem bem-estar pela autogestão e ao fazer a re-ligação do criador com a criatura, trabalhador e mercadoria, além de possibilitar ganhos financeiros à comunidade, tornam-se alternativa de desenvolvimento para as comunidades pobres, que muito tem de contar com os empregos das empresas capitalistas, em geral de grande capital estrangeiro, sem preocupação com o bem- estar destas (NISTAL, 2006).

A existência das associações e dos EES só é possível quando existe um conceito, amplamente divulgado no início da primeira década do século XXI por Robert Putnam, chamado de Capital Social. Este é definido como "conjunto de valores informais ou norma compartilhadas entre os membros de um grupo que possibilita a cooperação entre eles" (BAQUERO, 2003, pg. 28), em outras palavras é o nível de confiança entre as pessoas, possibilitando a união entre elas. Essa forma de capital, uma das liberdades instrumentais (garantias de transparências), deprecia-se na medida em que não é utilizado, ou seja, quanto mais se usa mais ele ganha valor. Portanto, para ele crescer, a existência de associações de moradores, EES, clubes de mães, eventos esportivos, no qual os moradores das comunidades estão envolvidos, atividades políticas, organizações sindicais, atividades de apoio à educação e à arte, atividades filantrópicas ou voluntarismo, demonstra o nível de capital social e o seu desenvolvimento.

5. Conclusão

O desenvolvimento da América Latina e no Brasil foi marcado pelo acelerado processo de industrialização e urbanização a partir da década de 1950, provocou o "inchaço" dos principais centros urbanos que receberam, de forma inesperada e muitas vezes sem infraestrutura, a chegada de imigrantes vindo da zona rural, em busca da "ilusão"de melhores condições de vida.

Ao passo que as cidades foram crescendo de forma desordenada, concentrando um exército industrial de reserva, composto na sua maioria por pessoas sem escolaridade e que as oportunidades de emprego e uma vida melhor não se concretizava, o capital se tornava cada vez mais dependente do exterior, visto a financeirização das empresas.

Aqueles que chegaram às cidades e foram excluídos do mercado de trabalho, e se depararam com uma realidade inversa do sonhado quando deixaram a zona rural, encontraram nas associações uma alternativa de alcançar emprego, renda e melhores condições de vida.

Esse caminho desenhado pelos excluídos ganhou respaldo e respeito pelos intelectuais, uma vez que possuem liberdades instrumentais, como a liberdade política, as garantias de transparência, e facilidades econômicas, além das liberdades substanciais, através da geração de ocupação e renda.

Dentre as diversas formas de associação destacam-se os EES, como modelos uma alternativa do caminho traçado pela evolução econômica da América Latina e Brasil, ao representarem o reencontro do trabalhador com o seu produto, o capital, uma vez que aquele é dono da unidade produtiva na qual trabalha, e isso tem como conseqüência também, torná-lo mais ativo politicamente, pois tais empreendimentos exigem deles tomadas de decisões influentes tanto nas unidades produtivas, quanto em suas comunidades, sendo esse último resultante da concepção de que os EES não pertencem somente aos seus sócios/trabalhadores, mas também a comunidade como um todo.

Ainda, destaca-se a o capital social, imprescindível para formação das associações, e multiplicado na medida em que essa atividade econômica e social vai se expandindo e gerando ganhos, e assim, o trabalhador e a comunidade vão se empoderando e dependendo menos do Estado.

Desta forma, em oposição às externalidades negativas a urbanização e desenvolvimento da América Latina e Brasil, as associações figuram como alternativas de emprego, renda, geração de capital nacional, redução do paternalismo Estatal e empoderamento das comunidades e da sociedade em geral.

5. Referências

ALBUQUERQUE, Paulo. Associativismo. in A Outra Economia, Antônio David Cattani (ORG). Editora Vozes, 1ª. Edição, Porto Alegre, 2003.

BAQUERO, Marcello. Construindo uma Outra Sociedade: O Capital Social na Estruturação de uma Cultura Política Participativa no Brasil. Rev. Sociol. Polít., Curitiba, 21, p. 83-108, nov. 2003.

FURTADO, Celso. Em Busca de Novo Modelo : Reflexões sobre a crise contemporânea. Ed. Paz e Terra. 2ª. Edição. São Paulo, SP. 2002.

NISTAL, Luiz. Empreendimento Econômico Solidário (EES) como Alternativa de Ocupação e Geração de Renda Para Cidade de Manaus . Monografia de Conclusão do Curso de Graduação em Ciências Econômicas. UFAM. FES.DEA. 2006.

SALAMA, Pierre. Pobreza e Exploração do Trabalho na América Latina . Editora Boitempo. 1ª. Edição. São Paulo, SP. 2002.

SEN, Amartya. Desenvolvimento como Liberdade . Companhia das Letras. São Paulo, SP, 2005.

SEPLAN. Desenvolvimento Humano em Manaus – Atlas Municipal. Vol. I. 2007

SINGER, Paul. Economia Política da Urbanização . Ed. Contexto. São Paulo, SP. 1998.

SINGER, Paul. Introdução à Economia Solidária . Ed. Fundação Perseu Abramo, São Paulo, SP. 2002.

SOUZA, Nali. Desenvolvimento Econômico. Editora Atlas. 5ª. Edição. São Paulo. SP. 2005.

TIRIBA, Lia. Economia Popular e Cultura do Trabalho: Pedagogia(s) da Produção Associada. Ed. UNIJUÍ, Ijuí, RS. 2001

TEORIA INSTITUCIONALISTA E O DESENVOLVIMENTO REGIONAL

Sergio Nogueira do Nascimento

1. Introdução

As teorias organizacionais têm evoluído no entendimento das inúmeras interfaces em que as organizações estão inseridas, com novos olhares e aspectos ausentes em estudos realizados anteriormente.

Estudos do desenvolvimento regional e ambiente organizacional a partir da teoria institucional é resultado da ciência política, sociologia e economia que buscam incorporar, por meio de suas proposições, a ideia de instituições e padrões relacionados a comportamentos, normas, valores e crenças, tanto no âmbito individual como em grupos (Machado-Silva; Gonçalves, 1999; Hodgson, 2000). No campo organizacional, esta perspectiva procura explicações sobre as motivações que levam as organizações a seguirem determinadas regras e reflexos dessa adoção.

Adota-se a classificação de pilares institucionais proposta por Scott (2001), onde "instituições são compostas por elementos regulatórios, normativos e culturais-cognitivos, que juntos com atividades e recursos associados, conferem estabilidade e sentido à vida social".

O pilar regulatório compreenderia as leis e regras vigentes, o pilar normativo envolveria as normas e valores seguidos por seus habitantes e o pilar cultural-cognitivo corresponderia à forma como os indivíduos inferem e interpretam os estímulos do ambiente.

A teoria institucional proporciona importantes contribuições para o desenvolvimento regional e para gestão das organizações, uma vez que os processos resultam não apenas da ação humana, mas igualmente das interações no contexto cultural e político (FACHIN; MENDONÇA, 2003). É nessa perspectiva que a teoria institucional se mostra promissora no estudo das organizações, pretendendo explicar os fenômenos organizacionais por meio da compreensão de como as estruturas e ações organizacionais tornam-se legitimadas e quais as consequências nos resultados planejados para as organizações. Na prática, um processo de institucionalização envolve padronização de comportamentos sociais e relações sociais entre funcionários mais controladas que, por sua vez, clarifica a identidade organizacional e cria um ambiente social estável.

A teoria institucional tem sido uma das principais teorias em várias áreas de pesquisa, como as ciências sociais (Scott, 1987), economia institucional (North, 1990), negócios internacionais (Meyer, 2001; Peng et al., 2008) e organizações (DiMaggio & Powell, 1983).

Destarte o desenvolvimento e o crescimento regional apresentam diferenças, uma vez que as teorias do desenvolvimento regional busca identificar elementos tangíveis e intangíveis do processo de crescimento micoterritorial e desenvolvimento socioconômico (CAPELLO, 2008, p. 749), enquanto as teorias do crescimento regional são essencialmente macroeconômicas, podendo ser compreendidas como fundamentação dos fatores locais da teoria do crescimento regional.

Segundo Capello (2008, p 749), as teorias da localização deram ao estudo da economia regional uma identidade científica, desenvolvendo um centro teórico e metodológico, analisando disparidades na distribuição espacial das atividades utilizando conceitos de externalidades e de aglomeração econômica, procurando entender seus desequilíbrios e hierarquias territoriais.

2. Teoria Institucional

A teoria institucional é um dos modelos de análise em foco nos últimos 30 anos dos estudos organizacionais, ao lado de outras teorias de organizações, como ecologia populacional, teoria da contingência estrutural, teoria crítica, teoria de recursos, entre outras abordagens. Clegg e Hardy (2006) argumentam que abordagens teóricas diferentes, como ecologia populacional, teoria institucional, teoria da contingência estrutural, entre outras "têm evoluído sob o funcionalismo e da ciência normal, que permanecem ambos impulsionando os estudos organizacionais hoje".

De acordo com Scott (2007), a teoria institucional reflete as transformações vivenciadas a partir dos anos 1960 pelas organizações. Em comum entre suas variações está a importância que dá para a relação entre organização e o ambiente e o caráter limitativo que atribui à abordagem racional e instrumental. O institucionalismo aponta a necessidade de se levar em conta as mediações entre estruturas sociais e indivíduos e suas manifestações coletivas, ou ainda as mediações entre estruturas sociais e comportamentos individuais (DIMAGGIO; POWELL, 1988).

Ao longo dos processos cognitivo (fatos a serem considerados pelos atores) e normativo (obrigações normativas) presentes na institucionalização, é reconhecido a expressão do poder como uma variável expressa diretamente pelo controle da lei ou da opinião pública. Basicamente, os institucionalistas privilegiam a dimensão cognitiva e normativa no estudo dos processos de institucionalização, abordando o poder (quando o fazem) de uma forma simplista.

Powell e DiMaggio oferecem uma análise macroinstitucional de mudança estrutural (definida como isomorfismo) nas organizações. Em vez de teorizar sobre a diversidade organizacional, o foco da sua análise é a similaridade organizacional. Eles trabalham com base no conceito de "estruturação", desenvolvido por Giddens (1979, 1989) para sintetizar ação e estrutura na análise sociológica, deslocando, contudo, o nível de análise para as organizações.

As organizações que são influenciadas por seu ambiente institucional, via profissionalização e papel desempenhado pelas estruturas estatais, apresentam similitudes nas suas estruturas e processos, dentro de um mesmo ambiente institucional. Segundo Vieira, Carvalho e Silva (2002), essas similaridades, esses processos de homogeneização são definidos como isomorfismo. Trata-se de um processo limitador que força uma unidade da população a se parecer com outras unidades que estão diante do mesmo conjunto de condições ambientais.

Powell e DiMaggio (1983) diferenciam dois tipos de isomorfismo: o competitivo - existente onde competição e mercado livre estão presentes (foco de análise da ecologia organizacional) - o institucional (foco de análise dos autores). Eles descrevem três tipos de isomorfismo institucional: coercitivo, mimético e normativo. O primeiro resulta de pressões formais e informais (sentidos como a força, a persuasão) exercidas por outras organizações das quais as organizações dependem e por expectativas culturais da sociedade. Fatores como ambiente legal, estados racionalizadores e outras grandes organizações racionais são apontados como fontes de pressão. As organizações se modelam, refletindo outras organizações, de forma não intencional por meio de transferência ou rotatividade de empregados, ou explicitamente, por meio de firmas de consultoria, organizações e associações industriais.

A última fonte de mudança organizacional isomórfica é normativa e decorre principalmente da profissionalização.

Sob a perspectiva de North (1994), "as instituições compreendem regras formais, limitações informais (normas de comportamento, convenções e códigos de conduta) e os mecanismos responsáveis pela eficácia desses dois tipos de normas", reconhecendo-as como as 'regras do jogo' na sociedade. Segundo este autor, o grau de adaptação às normas institucionais e as opções feitas pelos atores envolvidos no ambiente institucional dependem da eficácia do sistema de fiscalização e do cumprimento de tais normas.

A teoria institucional tem se mostrado uma alternativa promissora para a compreensão das organizações (CRUBELLATE, 2007). Nesta esteira, considerando a evolução do pensamento institucional, sugerem-se pressupostos que condicionam e explicam as relações no contexto organizacional:

a) o institucionalismo é o princípio do controle do conflito;

b) as instituições se constituem como as regras do jogo da sociedade;

c) as regras do jogo condicionam o comportamento humano;

d) as regras são classificadas como formais (leis, contratos) e informais (valores, convenções, cultura);

e) os fatores formais e informais estruturam o contexto de uma sociedade, determinando o seu funcionamento e as mudanças econômicas;

f) a instituição é reconhecida como uma ação coletiva com reflexos na ação individual (MACAGNAN, 2013).

A institucionalização de novas regras é motivada por determinados vetores, sendo que os agentes e as organizações da sociedade envolvidas neste ambiente participam do modelo, não apenas interpretando as instituições, mas transformando-as. Este processo de adoção e internalização de novas práticas ocorre por meio da disseminação de ações e significados (VIEIRA, 2012) e pode estar associado ao fenômeno do isomorfismo, o qual explica as motivações que levam as organizações a adotarem determinadas práticas, convergindo sempre em torno de padrões comuns e homogêneos dentro de um conjunto ambiental (DIMAGGIO; POWELL, 1983; SCOTT, 2008).

De acordo com DiMaggio e Powell (1983) existem três mecanismos isomórficos diferenciados que explicam como se dá a mudança institucional e a institucionalização de forma semelhante entre as organizações: isomorfismo coercitivo, isomorfismo mimético e isomorfismo normativo. Embora esses três tipos possam ser encontrados de forma paralela ou simultânea em um mesmo cenário, eles tendem a produzirem resultados diferentes devido as organizações, como sistemas sociais, serem entes complexos e buscarem seu próprio equilíbrio (LUHMAN, 2009).

O isomorfismo coercitivo advém da influência política, sendo resultado de pressões recebidas de organizações dominantes, como por exemplo, o governo ou órgãos regulamentadores. O isomorfismo mimético resulta em utilização de modelos adotados com sucesso por outras organizações, devido às incertezas que surgem no ambiente organizacional.

Por sua vez, o isomorfismo normativo está associado com a prática profissional, ou seja, a partir da profissionalização e conhecimento técnico, se tem a base para orientações e controle (DIMAGGIO; POWELL, 1983).

Os estudos da teoria institucional contribuíram para os estudos organizacionais ao dar uma ênfase sociológica e introduzir variáveis como valores compartilhados, busca de legitimidade e isomorfismo na análise sobre relações entre organizações e na análise entre organizações e ambiente (DIMAGGIO; POWELL, 1988). As bases do modelo institucionalista no estudo das organizações foram lançadas por Phillipe Selznick em 1948 com a obra Foundations of the Theory of Organization, ao rejeitar as concepções racionalistas e visualizar as instituições como variáveis independentes (SUDDABY, 2010). Para ele, as organizações eram expressão de valores sociais e por isso a ênfase dada às relações entre elas e o ambiente.

O institucionalismo desenvolveu-se em contraposição ao estruturalismo-funcionalismo, escolas que focalizavam temas como poder e interesse dentro da política e que eram predominantes nos anos 1960 e 1970 (SUDDABY, 2010; POWELL; COLYVAS, 2007). Para Scott (2007), a perspectiva institucional tem dedicado sua atenção a diferentes temáticas, dentre elas a consideração de que estruturas e rotinas organizacionais são reflexos ou decorrências de normas institucionalizadas contextualmente, o que remete a questões ligadas à legitimidade e à própria concepção do ambiente.

De acordo com o pensamento institucional, o processo de adaptação às configurações do ambiente ocorre a partir de mudanças institucionais, originadas a partir da influência de agentes, políticos e econômicos. Estes possuem o poder de decisão e são influenciados por oportunidades, mudanças, novos conhecimentos, comportamentos e habilidades (NORTH, 1994).

As instituições baseadas em suas regras e em seu contexto de formação e transformação explicam o processo de crescimento e desenvolvimento da sociedade organizacional. A existência dessas regras nem sempre proporciona êxito às organizações, pois impõem limites ao autodesenvolvimento e alcance da eficiência almejada pelo fato de estarem restringidas aos auspícios institucionalizados (XAVIER, 2012).

3. Desenvolvimento Regional

Encontra-se duas linhas teóricas principais para o estudo das dinâmicas do desenvolvimento regional, sendo os modelos de localização e as teorias do crescimento/desenvolvimento regional.

Os modelos de localização conferem grande importância aos custos de transporte para determinar a localização de um determinado empreendimento ao combinar fatores como produtividade, distância e custos de transporte (LIBERATO, 2008, p. 127).

As teorias do crescimento ou desenvolvimento regional em seus estudos constataram diferenças de ritmo e de nível entre países ou regiões. Gunnar Myrdal (1957), desenvolveu a "teoria da causação circular acumulativa", onde procura explicar a natureza desigual do desenvolvimento econômico.

Ao contrário do que se pregava até a primeira metade do século XX, Myrdal supunha que o sistema social não se modifica espontaneamente a fim de proporcionar um equilíbrio de forças, ao contrário, as desigualdades e os desequilíbrios tendem a se aprofundar. Dessa forma, os efeitos do processo poderiam explicar as diferenças entre as regiões dentro de um mesmo país, uma vez que Myrdal acreditava que o movimento de forças do mercado atua no sentido da desigualdade, pregando a intervenção do Estado na economia para conter essas forças (MYRDAL, 1957, p. 22-25).

Surge uma nova fase de teorização sobre o desenvolvimento regional na década de 1980, com a teoria do desenvolvimento, onde o desenvolvimento das regiões está ligado às suas condições e dinâmicas internas, compreendendo progresso como uma resposta interna dos atores econômicos em um ambiente competitivo, e que o aumento da produtividade depende também de fatores internos, tais como inovação, economia de escala e processos de aprendizagem.

Sendo assim, o desenvolvimento é, por definição, endógeno. Nesse sentido, os componentes do sistema sócioeconômico de uma região determinam o sucesso da economia local, tais como: empreendedorismo; fatores locais de produção, recursos naturais, capital; técnicas e habilidades dos atores locais para adquirir conhecimento e aprendizagem; e capacidade de tomada de decisões que possam direcionar o processo de desenvolvimento, baseado em mudanças e inovações, enriquecendo-o com informações e conhecimentos externos para estar conectado com as transformações e tendências mundiais (CAPELLO, 2008, p. 752).

Podemos observar que a nova geografia econômica busca explicar a relação entre as concentrações populacionais e as atividades econômicas, as diferenças entre regiões industriais e agrícolas, localização das cidades e o papel das aglomerações na indústria. Em grande parte, os fenômenos ligados à concentração das atividades ocorrem devido a algum tipo de economia da aglomeração, cuja concentração espacial cria um ambiente economicamente favorável que sustenta uma concentração continuada.

A referida teoria procura entender o papel da concentração espacial modelando as fontes dos retornos crescentes, aprendendo como e quando esses retornos podem se alterar e deduzir os motivos pelos quais o comportamento da economia muda com eles (FUGITA; KRUGMAN; VENABLES, 2002, p. 18-19).

Alguns aspectos são essenciais para o desenvolvimento do potencial de uma região. Em primeiro lugar, está a capacidade da região em negociar e atrair, em âmbito nacional e internacional, recursos financeiros, tecnológicos, institucionais e profissionais qualificados para os empreendimentos que pretende realizar. Além disso, a região dependerá da conjuntura nacional, a partir dos impactos que as políticas macroeconômicas e setoriais exercem sobre a estrutura produtiva local, pois as mesmas possuem a capacidade de alavancar ou prejudicar o crescimento econômico e a evolução da renda de uma determinada região.

Em segundo lugar, além do crescimento econômico, para haver sustentabilidade é necessário desenvolver um crescente sentido coletivo de pertencimento à região, uma capacidade de organização social e política que se articule a um projeto político local, e um progressivo aumento da autonomia para tomada de decisões e para reinvestir localmente o excedente econômico gerado no processo de crescimento.

4. Conclusão

As novas arquiteturas organizacionais são moldadas pelos modelos de gestão atuais, comportamentos padronizados, aderência a novas tendências entre outros aspectos que transparecem um período de transição ou um processo de ruptura contínua frente à acelerada imprevisibilidade e complexidade que paira sobre as organizações. A teoria institucional ganha espaço nos estudos organizacionais por fornecer maneiras de compreender padrões implícitos e a diversidade dentro das organizações.

Uma vez estruturado o campo organizacional, poderosas forças emergem e levam as organizações a se tornaram mais similares entre si. Essas forças relacionam-se com as definições institucionais das formas estruturais legítimas.

Em síntese, a teoria institucional busca explicar, sob diferentes ângulos, que a interação humana e a evolução da sociedade organizacional estão parametrizadas pelas instituições e que estas assumem a representação de incentivos e oportunidades. Contudo, é um campo amplo e repleto de entendimentos, tanto que Scott (2008) ratifica que teóricos e pesquisadores têm percebido que estes sistemas institucionais não são necessariamente unificados ou coerentes.

Ao analisar teorias de desenvolvimento regional, observa-se a teoria do desenvolvimento Endógeno, que procura compreender as diferenças e particularidades de cada região, conhecendo suas potencialidades e seus obstáculos para proporcionar a cada uma delas um tratamento diferenciado e específico. O papel do Estado e das políticas públicas voltadas ao desenvolvimento regional reveste-se de extrema importância.

Os elementos e os atores locais, bem como seus potenciais, são a referência, mas o diálogo externo deve ser constante no sentido de provocar a mobilização e o dinamismo dessas regiões.

5 - Referências

CAPELLO, Roberta. Regional economics in its 1950s: recent theoretical directions and future challenges. The Annals of Regional Science. Berlim, vol. 42, n. 4, 2008. (p. 747-767).

DIMAGGIO, Paul J. e POWELL, Walter W. A gaiola de ferro revisitada: isomorfismo institucional e racionalidade coletiva nos campos organizacionais. RAE classicos.

FALASTER, Christian; ZANIN, Luis Miguel; GUERRAZZI, Luiz Antonio. Teoria institucional na pesquisa em turismo: Novas oportunidades de uma teoria em evolução.Rev. Bras. Pesq. Tur., São Paulo , v. 11, n. 2, p. 270-293, ago. 2017.

FUGITA, M.; KRUGMAN, P.; VENABLES, A. Economia Espacial: urbanização, prosperidade econômica e desenvolvimento humano no mundo. Trad. Bazán Tecnologia e Lingüística – São Paulo: Futura, 2001.

MEDEIROS, Anny Karine de; ALVES, Mário Aquino; FARAH, Marta Ferreira Santos. Programa Cultura Viva e o campo organizacional da cultura: análise de políticas públicas pela perspectiva institucionalista. Rev. Adm. Pública, Rio de Janeiro, v. 49, n. 5, p. 1215-1235, Oct. 2015.

MEYER, John W.; ROWAN, Brian. "Institutionalized Organizations: Formal Structure as Myth and Ceremony" American Journal of Sociology 83, no. 2 Sep., 1977.

PEREIRA, F. A. M.A evolução da teoria institucional nos estudos organizacionais: um campo de pesquisa a ser explorado. Revista Organizações em Contexto, v. 8, n. 16, p. 275-295, 2012.

PECI, Alketa. A nova teoria institucional em estudos organizacionais: uma abordagem crítica. Cad. EBAPE.BR, Rio de Janeiro , v. 4, n. 1, p. 01-12, Mar. 2006.

LIBERATO, Rita de Cássia. Revisando os modelos e as teorias da análise regional. Cadernos de Geografia. Belo Horizonte, vol. 18, n. 29, 2008. (p. 127-136).

MYRDAL, Gunnar. Teoría económica y regiones subdesarrolladas. Trad. Ernest Cuesta e Oscar Soberón. México: Fondo de Cultura Económica, 1957.

NORTH, D. Institutions, institutional change and economic performance. Nova York: Cambridge University Press, 1990.

SAUNDERS, Mark.; LEWIS, Philip.; THORNHILL, Adrian. Research Methods for Business Students. 6 ed. Essex, England: Pearson, 2012. Disponível em: < http://www.abcdebook.com/product/research-methods-for-business-students-6th-edition/ >.

CAPACIDADE INSTITUCIONAL DA SUFRAMA COMO PROTAGONISTA DO DESENVOLVIMENTO REGIONAL A PARTIR DO POLO INDUSTRIAL DE MANAUS – PIM

Gerasid Matos Castelo Branco

1.   Introdução

Segundo o plano diretor o ambiente institucional tem uma função elementar no sistema econômico: reduzir as incertezas. Isso ocorre por meio de um sistema de regras e condutas que regula as ações dos agentes induzindo ou coagindo determinadas ações e atitudes. Assim, obtém-se um grau satisfatório de segurança jurídica e confiança quanto aos resultados das iniciativas e investimentos. Em teoria essa estrutura institucional é crucial para se sustentar um sistema econômico, de modo que a sua fragilização é fator causal de insucesso na indução do investimento econômico.

Neste âmbito, apontaram-se diversos aspectos que vão desde a capacidade institucional da Suframa até a vulnerabilidade do marco regulatório da atividade econômica, esses aspectos, na visão dos debatedores, comprometeram a atuação da Suframa como protagonista do desenvolvimento regional reduzindo sua autonomia para regular o processo produtivo básico e investir em soluções para a demandas locais. Por sua vez, a centralização das decisões sobre o PPB e do uso dos recursos arrecadados pela autarquia em outros níveis de governo elava a insegurança jurídica no meio empresarial quanto ao retorno dos projetos incentivados.

O PDI estabeleceu três grandes marcos regulatórios – Zona Franca de Manaus, Amazônia Ocidental e Zona Franca Verde – que geram oito áreas temáticas estratégicas: Desenvolvimento Organizacional; Gestão de Incentivos Fiscais; Logística; Ciência e Tecnologia; Atração de Investimentos; Inserção Internacional; Capital Intelectual e Empreendedorismo; e Desenvolvimento Produtivo. A partir dessas áreas temáticas estratégicas foram estabelecidas 31 diretrizes táticas a serem implementadas.

A Estrutura produtiva administrada pela Suframa congrega o Pólo Industrial de Manaus -PIM, o distrito agropecuário da SUFRAMA, as 6 áreas de livre comércio e a Amazônia Ocidental, e as cidades de Macapá e Santana - Amapá.

Este trabalho visa demonstrar até que ponto o ambiente institucional interfere na capacidade institucional da Suframa no desempenho de suas competências no exercício de suas competências institucionais e se a Suframa vem ao longo dos seus 50 anos atuando como protagonista de desenvolvimento regional.

Para a elaboração deste trabalho, foi feito um levantamento bibliográfico e documental sobre, respectivamente, o conceito de capacidade institucional e os programas e ações do governo federal brasileiro. Foram consultados sites da Superintendência da Zona Franca de Manaus –ZFM, Instituto de Pesquisa Econômica Aplicada – Ipea, Ministério do Planejamento, Desenvolvimento e Gestão, estudos técnicos sobre desenvolvimento regional, industrialização e Zona Franca de Manaus.

1.1 Conceitos e definições

O termo capacidade é conceituado pelo programa das Nações Unidas para o Desenvolvimento (PNUD), como a habilidade de indivíduos, instituições, e sociedades para desempenhar funções, solucionar problemas, definir e alcançar metas de formar sustentável" (PNUD, 2002, Apud SAGI, 2009, pag.54). Envolve as capacidades de planejamento e implementação de políticas e de administração e gestão de processos, negócios ou recursos. Entendo a capacidade institucional como o conjunto de habilidades existentes em uma determinada instituição para gerenciar ou prover o atendimento das necessidades dessa população ou ainda solucionar os problemas enfrentados pela sociedade.

Taylor (2010) apresenta cinco dimensões possíveis de intervenções para construção de capacidade institucional: construção do conhecimento base da organização (building the knowledge base) , por meio do qual é possível a obtenção de um melhor entendimento dos objetivos, propósitos e forma de ação da organização, desenvolvimento profissional (profissional development) , relacionados à formação dos recurso humanos, fortalecimento institucional (organisational strengthening), que envolve os níveis intraorganizacional e interorganizacional; reformas diretivas (directive reforms); e reformas que estimulam mudanças nas organização (facilitative reforms) todas relacionadas às leis e políticas desenvolvidas no âmbito governamental.

No âmbito do governo federal, o fortalecimento da capacidade institucional da administração pública federal direta, das autarquias e das fundações tem sido objeto de preocupação e foi normatizada pelo Decreto n. 6.944, de 21/08/2009. O art. 1º desse decreto define o fortalecimento da capacidade institucional como

[...] o conjunto de medidas que propiciem aos órgãos ou entidades da administração pública federal direta, autárquica e fundacional a melhoria das suas condições de funcionamento, compreendendo as de caráter organizacional, que lhes proporcionem melhor desempenho no exercício de suas competências institucionais, especialmente na execução dos programas do Plano Plurianual – PPA (BRASIL, 2009).

Para Fonseca, 2013, p.15 o desenvolvimentismo é uma resposta para superar o subdesenvolvimento. Conceituando o desenvolvimentismo de forma resumida com a seguinte definição:

[...] desenvolvimentismo é a política econômica formulada e/ou executada, de forma deliberada, por governos (nacionais ou subnacionais) para, através do crescimento da produção e da produtividade, sob a liderança do setor industrial, transformar a sociedade com vistas a alcançar fins desejáveis, destacadamente a superação de seus problemas econômicos e sociais, dentro dos marcos institucionais do sistema capitalista. (FONSECA, 2013, p. 28).

O artigo está estruturado em 5 seções, além dessa introdução. Na segunda seção se demonstra a governança e aspectos administrativos da Suframa, competência, área de atuação, demonstrando sua autonomia institucional; na seção seguinte Contexto da Suframa e superintendência regionais na política de desenvolvimento regional do pais; na seção quatro faz um percurso histórico da Zona Franca de Manaus; e na quinta seção demonstra a evolução da ZFM – processo de industrialização e desenvolvimento regional

2.   Governança e Aspectos Administrativos

Um dos pontos importantes da política de incentivos fiscais sob o ponto de vista da sua eficácia e eficiência, é administração de todo o processo que a conforma, que vai desde a formulação até a avaliação, aprovação e controle.

A Suframa na sua área industrial tem interseção com a política econômica do país, quais sejam:

a)   Política fiscal, tanto pelo lados incentivos quanto pelo lado dos gastos federais na ZFM (Ministério da Fazenda);

b)   Política industrial e comercial (MDIC/SDP);

c)   Política tecnológica de telecomunicação, automação e de informática (MCTIC);

d)   Política de desenvolvimento da região amazônica   (Ministério da Integração Nacional).

A Suframa possui duas instâncias administrativas principais: uma executiva, sob a direção de um Superintendente, e quatro superintendências adjuntas responsáveis por competências diretamente relacionadas com a área de atuação da SUFRAMA; e uma instância consultiva e deliberativa representada pelo Conselho de Administração da Suframa – que obedecerá as diretrizes do Ministro do Desenvolvimento, Indústria e Comércio Exterior.

Em 2010, o Decreto n°7.139/2010 e Lei Complementar n°134/2010 a SUFRAMA deram nova estrutura formal e funcional a Instituição:

A Lei Complementar n° 134/2010 regulamenta a estrutura e funcionamento do Conselho de Administração da Superintendência da Zona Franca de Manaus – CAS, órgão superior de deliberação, que tem por finalidade aprovar diretrizes, planos, programas, projetos e ações a serem desenvolvidas na área de Atuação da SUFRAMA.

O Conselho é composto por 25 membros, sendo: 10 Ministros de Estado definidos em regulamento pelo Poder Executivo; 05 Governadores e 05 Prefeitos das capitais dos seguintes Estados: Amazonas; Acre; Amapá; Rondônia; e Roraima; O Superintendente da SUFRAMA; o Presidente do Banco Nacional de Desenvolvimento Econômico e Social – BNDES; O Presidente do Banco da Amazônia – BASA; 01 representante das classes produtoras; e 01 representante das Classes trabalhadora.

As Unidades de assistência direta e imediata ao Superintendente – são as Unidades Administrativas responsáveis por funções de assessoramento e de assistência direta e imediata ao Superintendente as quais elaboram/realizam estudos, pesquisas, acompanhamentos, programas e projetos dentre outras atividades. Quais sejam: Gabinete, Coordenação-Geral de Comunicação Social; Coordenação-Geral de Representação Institucional; Coordenação de Comércio Exterior e Coordenação Geral de Estudos Empresariais.

Os Órgãos Seccionais são: Auditoria Interna; Procuradoria Federal; Corregedoria, Ouvidoria e Superintendência Adjunta Executiva - SAE.

Superintendências Adjuntas – compõem o primeiro escalão orgânico da estrutura da SUFRAMA responsáveis por competências diretamente relacionadas com a área de atuação da SUFRAMA.

Comitê Central de Planejamento e Coordenação Administrativa (COPLAN) – Instituído pela Portaria n°403, de 22 de novembro de 1995 e atualizado pela Portaria n°095/20005/Gab. Super, de 08 de abril de 2005, constitui-se no fórum deliberativo das matérias referentes a função planejamento da Autarquia. É formado pelo Superintende (presidente) e os Superintendentes Adjuntos e os titulares das Unidades Administrativas. O comitê tem por objetivo assessorar a Superintendência na formulação, execução, acompanhamento e avaliação dos planos, programas e projetos que integram o seu Sistema de Planejamento.

A Autarquia possui 8 (oito) subunidades estratégicas: Coordenação –Geral de Comércio Exterior – COGEX; Coordenação Geral de Desenvolvimento Regional (CGDER); Coordenação Geral de Gestão Tecnológica – (CGTEC); Coordenação de Análise de Projetos Industriais – CGPRI; Coordenação Geral de Acompanhamento de Projetos Industriais – CGAPI; Coordenação Geral de Análise e Acompanhamento de Projetos Agropecuários – CGPAG; Coordenação Geral de Controle de Mercadoria e Cadastro – CGMEC; e Coordenação Geral de Controle de Importação e Exportação – CGIEX.

Existem 8 (oito) macroprocessos finalísticos: Análise e Aprovação de projetos industriais e de serviços; Acompanhamento de Projetos Industriais; Análise e Acompanhamento de Projetos Agropecuários; Controle de Mercadorias Nacionais e Cadastro; Controle de Importação e Exportação; Gestão Tecnológica; Informações Socioeconômicas do PIM; e Inserção Internacional .

Em 2013 as áreas dos macroprocessos finalísticos da Autarquia foram impactadas negativamente em relação ao desempenho das suas atividades devido à perda de mão de obra.

2.1 Competência institucional

A Superintendência da Zona Franca de Manaus – SUFRAMA, com sede administrativa na cidade de Manaus, capital do Estado do Amazonas, é uma Autarquia Federal, vinculada ao Ministério do Desenvolvimento, Indústria e Comércio Exterior – MDIC, criada pelo Decreto, Lei n° 288/67, Art. 10 e Art.11; para administrar o modelo ZFM. Posteriormente, os Decretos-Leis 356/68 e 1.435/75, estenderam parte dos benefícios do Decreto 288/67 para a Amazônia Ocidental (Acre, Amazonas, Rondônia e Roraima). Em 1991, por meio da Lei 8.387/91, cujo o art. 11 foi regulamentada pelo Decreto 517/92, qual também regula a Área de Livre Comércio de Macapá/Santana (ALCMS), no Estado do Amapá –ALCMS; Decreto 6.008/06 r Decreto n°7.139/2010.

Nos demais Estados da Amazônia Ocidental a SUFRAMA se faz presente por meio das Áreas de Livre Comércio - ALCs e as Coordenações Regionais - CORE. As ALCs, localizadas em Tabatinga (AM), Guajará-Mirim (RO), Macapá/Santana (AP), Cruzeiro do Sul/Brasiléia/Epitaciolândia (AC), Boa Vista/Bonfim (RR) e as Coordenações Regionais, denominadas de COREs, estão localizadas em Itacoatiara (AM), Ji-Paraná (RO), Porto Velho (RO), Vilhena (RO), Rio Branco (AC), Boa Vista (RR).

Essas Áreas de Livre Comércio e as Coordenações Gerais operacionalizam os instrumentos e os mecanismos de controle e fiscalização de importação e internamento de mercadorias nacionais e estrangeiras e administram os procedimentos de cadastramento, recadastramento, reativação cadastral, credenciamento, recredenciamento, habilitação de empresas, entidades e credenciados.

2.2 Ambiente de atuação

A Superintendência da Zona Franca de Manaus (SUFRAMA) se constitui em uma autarquia federal vinculada ao Ministério da Indústria, Comércio Exterior e Serviços (MDIC), que exerce funções de descentralização, com autonomia administrativa e financeira com atuação na Amazônia Ocidental e nos municípios de Macapá e Santana no Estado do Amapá/AP.

Consoante a legislação que a instituiu (Decreto-lei n° 288/67) tem por finalidade executar a política do governo federal, no que se refere à gestão de incentivos fiscais para a Zona Franca de Manaus e Áreas de Livre Comércio (ALCs) e Amazônia Ocidental. e as cidades de Macapá e Santa no Estado do Amapá.

A ZFM é caracterizada como uma área de livre comércio de importação e exportação e de incentivos fiscais especiais estabelecida com a finalidade de criar no interior da Amazônia um centro industrial, comercial e agropecuário dotado de condições econômicas que permitam seu desenvolvimento, em face dos fatores locais e da grande distância em que se encontram os centros consumidores de seus produtos.

No Polo Industrial de Manaus – PIM, atua na análise de projetos, submetidos à aprovação do Conselho de Administração da SUFRAMA – CAS e no seu acompanhamento e avaliação.

2.2.1 Análise e Controle de Projetos Beneficiados com Incentivos Fiscais:

Acompanhar e avaliar os projetos industriais e de serviços aprovados pelo Conselho de Administração da SUFRAMA (CAS), objetivando garantir o que determina a legislação pertinente, quanto ao cumprimento do Processo Produtivo Básico (PPB); o incremento na oferta de emprego na região; a concessão de benefícios sociais aos trabalhadores; a incorporação de tecnologias de produtos e de processos de produção compatíveis com o estágio atual da técnica; níveis crescentes de produtividade e de competitividade; reinvestimento de lucros na região e investimento na formação e capacitação de recursos humanos para o desenvolvimento científico e tecnológico, visando assegurar o retorno econômico e social; controlar o ingresso de mercadorias na área de atuação da SUFRAMA, de modo a assegurar o uso adequado dos incentivos concedidos pela legislação; ampliar as exportações, objetivando o equilíbrio da balança comercial; (b) Divulgar no Brasil e no exterior o potencial econômico da Amazônia Ocidental e de Macapá/Santana-AP, dos produtos industrializados no Polo Industrial de Manaus, bem como os atrativos turísticos visando o desenvolvimento sustentável; estimular as exportações, promover novas oportunidades de negócios por meio do aproveitamento das potencialidades regionais, estabelecer parcerias e atrair novos investidores voltados para o desenvolvimento de projetos agroindustriais e o aproveitamento da biodiversidade Amazônica.

O Polo Industrial de Manaus (PIM) é o centro dinâmico que abriga a maioria das indústrias que usufruem dos incentivos oriundos dessa política tributária diferenciada do restante do país, na qual consiste a redução de até 88% do Imposto de Importação (I.I.) sobre os insumos destinados à industrialização ou proporcional ao valor agregado nacional quando se tratar de bens de informática; isenção do Imposto sobre Produtos Industrializados (IPI); Programa de Integração Social (PIS) e Financiamento da Seguridade Social (COFINS) – alíquota zero nas entradas e nas vendas internas interindustriais e alíquotas diferenciadas nas vendas de produtos acabados para o resto do país.

O Processo Produtivo Básico – PPB é utilizado como contrapartida pelo Governo Federal à concessão de Incentivos fiscais promovidos pela legislação da ZFM e pela legislação de incentivos à indústria de bens de informática, telecomunicações e automações (Lei de informática), bem como o investimento em P&D.

A administração de incentivos fiscais é a atividade central da SUFRAMA. Entretanto, ao longo do tempo adquiriu nova feição, passando a ser vista pela sociedade como uma instituição de promoção de desenvolvimento regional.

Nesse contexto, tem no escopo de sua missão "promover o desenvolvimento regional, mediante geração, atração e consolidação de investimentos, apoiado em educação, ciência, tecnologia e inovação, visando à integração nacional e à inserção internacional competitiva" que o faz não somente pela identificação de oportunidades de negócios e atração de investimentos para a região, mas também mediante o apoio a projetos de desenvolvimento regional (infraestrutura econômica, produção, turismo, pesquisa & desenvolvimento e formação de capital intelectual etc.) cooperação e integração econômica da Pan-Amazônia, mediante parcerias com governos estaduais e municipais, e instituições de ensino e pesquisa.

Além disso, atualmente, em parceria com o INMETRO e MDIC (TED nº 001/2015) no incremento de projetos para o fortalecimento das potencialidades regionais por meio do Centro de Biotecnologia da Amazônia – CBA, na busca de superar desafios e de conquistar resultados capazes de viabilizar a atividade econômica na região e melhorar a qualidade de vida das populações locais em toda a sua área de jurisdição.

2.3 Autonomia institucional e recursos próprios

Os recursos utilizados pela Autarquia, tanto para manter sua estrutura administrativa, quanto para realizar investimentos na sua área de jurisdição, são gerados pela cobrança da Taxa de Serviços Administrativos – TSA, conforme estabelecido pela Lei nº 9.960, de 28.01.2000. Até 2005 a receita oriunda da TSA vinha crescendo em média 15% ao ano, nos anos de 2006,2007 e 2008 o crescimento foi de 35,35%. Em 2009 houve uma queda da arrecada 25,31% em relação a 2008. No entanto de R$ 211,7 milhões, em 2005 a receita de TSA passou para R$ 474,18 milhões, em 2012.

A destinação, conforme determina a Lei aprovou a TSA, deve ser destinada exclusivamente ao custeio e às atividades fins da Suframa. Contudo, em decorrência da política de contingenciamento em vigor praticada pelo governo federal, os recursos da Suframa não são disponibilizados em sua totalidade, impactando ao longo dos últimos dez anos na atuação e nas ações de apoio da Suframa em prol do desenvolvimento econômico e social da sua área de atuação. Na prática isso ocorre a partir da Lei de Orçamento Anual – LOA, que autoriza o orçamento da instituição para o exercício, porém contingência o orçamento normalmente em mais de 50%, destacando-se, ainda, as limitações de gastos que são colocadas durante a execução do orçamento e que contribuem para um percentual ainda maior de retenção da receita da Suframa.

Entre 2007 e 2012 a Suframa foi impactada por um contingenciamento de seus recursos de aproximadamente R$ 1,13 bilhão. É oportuno ressaltar que somente em relação ao exercício de 2012 foram retidos 62,35%, representando R$ 292 milhões. Sendo um dos principais dificultadores para a execução de projetos e, por conseguinte, do cumprimento da missão e dos objetivos estratégicos da Autarquia. No exercício de 2012 a Suframa vivenciou um período de transição administrativa e mais um ano as restrições financeiras impactaram na realização de suas ações, inclusive na inicialização de alguns projetos de relevância.

Cabe ressaltar, que mesmo com a arrecadação declinante os valores contingenciados são contínuos e expressivos. Em 2015 a receita da Suframa caiu 32%, o contingenciamento foi de 55%..

2.4 Quadro de funcionário

Em 2007 o quadro de servidores da Autarquia era de apenas 248 servidores ativos, sendo a necessidade da Suframa no mínimo três vezes esse quantitativo.

Nesse ano a Suframa mantinha um Contrato Emergencial com a Fundação de Análise, Pesquisa e Inovação Tecnológica (FUCAPI), mantendo 2 (dois) contratos com 351 colaboradores, lotados em diferentes coordenações: (1) para a prestação de serviços técnicos especializados de engenharia e de assessoramento em desenvolvimento tecnológico e de recursos humanos; outro para prestação de serviços de informática; (1) prestação de serviços técnicos especializados de engenharia e de assessoramento em desenvolvimento tecnológico e de recursos humanos.

Em 2008, decorrente da autorização por meio da Portaria n°181/2007, do Ministério do Planejamento, Orçamento e Gestão, foi realizado concurso com preenchimento de 147 vagas.

Cabe observar que apesar de insistentes solicitações para realizar concurso, somente em 1998 a Suframa teve aprovada a realização de um concurso para preenchimento de 8 vagas de Procurador Autárquico, cargo este que posteriormente foi transformado para Procurador Federal, com as vagas e seus ocupantes transferidos para a Advocacia Geral da União – AGU. Atualmente essa instituição cede à Suframa, 2 desses servidores.

Em 2011 a Suframa contava no seu quadro efetivo com 345 servidores, sendo que 81 foram nomeados em 2011, no entanto, desses 81 remanescentes do concurso de 2008, somente 69 foram efetivados.

Até 2011, para garantir o alcance dos seus objetivos estratégicos e o cumprimento da sua missão a Suframa valendo-se de 2 contratos de terceirização firmados com a Fundação Centro de Análise, Pesquisa e Inovação Tecnológica - FUCAPI, que compreendem os serviços na área tecnológica (N° 29/2008) e outro de informática (N° 19/2008).

No final do exercício em 2011, a Suframa tinha um quantitativo de 336 servidores ativos, no entanto no início do exercício foi autorizada pelo Ministério do Planejamento e Gestão a nomeação dos candidatos aprovados remanescentes do concurso realizado em 2008, elevando esse quantitativo para 402 servidores. (Relatório de Gestão, 2012, p. 68).

Devido às recomendações do Ministério Público Federal, que vinha contestando essa forma de contratação, e por meio dos instrumentos de Recomendação N°s. 11 e 13, de 18/10/2010, em 2013, impuseram à Suframa medidas urgentes para substituição da mão de obra terceirizada e obter autorização junto ao governo federal para a realização de concurso público e recomposição do quadro de servidores.

Em maio de 2013, A SUFRAMA, por determinação do Tribunal de Contas da União – TCU, encerrou o contrato de assessoramento celebrado com a FUCAPI.

Permanecendo 71 colaboradores, pelo contrato nº15/2013, por força de liminar. Em 29 de março de 2014, encerrou o contrato de informática.

Em 2013, foi autorizado concurso para preenchimento de 243 vagas. A portaria nº218/MPOG, data de 20/06/2013 autorizou concurso para preenchimento de 154 vagas e a portaria nº370/MPOG, de 21/10/2013, para 89 vagas.

No final do exercício de 2016 a Suframa possuía quantitativo de 545 servidores sendo: 525 ativos, 4 cedidos, 5 de carreira em exercício descentralizado e 11 ocupantes de cargos comissionados sem vínculo com a União. Ingressaram no quadro de pessoal 06 novos servidores sendo: 04 oriundos do último concurso realizado em 2014 e 2 para exercer cargos em comissão.

No mesmo exercício ocorreram 20 saídas de servidores sendo: 14 decorrentes de aposentadoria, 5 por exoneração ou vacância para assumir outro cargo público e 1 exonerado de cargo em comissão.

A distribuição da força de trabalho entre as áreas meio e fim estavam assim distribuídas: 60,55% correspondente a 330 servidores na área fim e 39,45% correspondente a 215 servidores na atividade meio.

O Decreto nº 8.849/2016, que aprovou a nova estrutura de cargos comissionados da Suframa, definiu 124 cargos comissionados e funções gratificadas. Dos 124 cargos comissionados e funções gratificadas, apenas 115 cargos estavam ocupados conforme a seguinte distribuição: 58 cargos comissionados DAS e FCPE's níveis de 1 a 6; 2 ocupados por servidores em exercício descentralizado; 11 por servidores sem vínculo com a administração pública; sendo 2 exercidos por aposentados. Das 45 Funções Gratificadas disponíveis (20 FG 01 e 25 FG 02), 44 estavam ocupadas por servidores de carreira e 1 estava desocupada em dezembro de 2016.

Observa-se que em 2016 houve o ingresso de 06 servidores contra um quantitativo de 20 egressos. Atualmente 90 servidores, dos níveis intermediário e superior, estão com tempo para a aposentadoria preenchidos, podendo a qualquer momento, requerer o benefício, o que representa 16,51% da força de trabalho. Segundo a CGHUR/SAE/SUFRAMA a saída desses servidores nos próximos anos sem que haja a substituição mediante realização de novo concurso, acarretará impacto considerável na força de trabalho deste Órgão ocasionando prejuízos ao desenvolvimento das atividades do Órgão

3.   Contexto da Suframa e Superintendências Regionais na Política de Desenvolvimento Regional do País

A Suframa foi criada pelo Decreto-Lei nº288/67, num contexto onde foram criadas várias instituições encarregadas de atuar no âmbito regional, na fase desenvolvimentista do Brasil (1950 -1980).

Entre essas instituições destacamos: Departamento Nacional de Obras Contra as Secas-DNOCS, a Companhia Hidrelétrica do Vale do São Francisco- CHESF, Comissão do Vale do São Francisco –CVSF, Banco do Nordeste do Brasil-BNB, Superintendência do Desenvolvimento do Nordeste- SEDENE, Superintendência do Plano de Valorização Econômica da Amazônia- SPVEA, a Superintendência do Desenvolvimento da Amazônia-SUDAM, o Banco da Amazônia –BASA e Superintendência da Zona Franca de Manaus- SUFRAMA, mais tarde foram criadas a Superintendência do Desenvolvimento do Centro –Oeste - SUDECO e a Superintendência do Desenvolvimento do SUL- Sudesul, nessa fase, segundo os especialistas as economias regionais cresceram seguindo a trajetória de forte expansão da economia nacional.

Dentre os Planos Nacionais de Desenvolvimento, os pesquisadores destacam com importantes para o desenvolvimento nacional: o Plano de Metas do Governo do Juscelino Kubistecher (1956-61), Plano Trienal de Desenvolvimento Econômico (1963-65), Plano de Ação Econômica do Governo –PAEG9 1964-66), Plano Estratégico de

Desenvolvimento (1968-70), O Primeiro Plano nacional de Desenvolvimento - I- PND (1970-74), O Primeiro Plano nacional de Desenvolvimento -II- PND (1975-79).

Depois desse período de crescimento da economia nacional, veio o período, entre 1982- 2002, marcado por baixo crescimento econômico e pela fragilização, ou até extinção das instituições de desenvolvimento regional, nesse período os planos nacionais de desenvolvimento pedem espaço para os planos de combate à inflação e a crise do Estado brasileiro.

A década de 1980, considerada a "década perdida" foi marcada por crise fiscal e financeira decorrente da crise econômica, ensejando permanente ajuste fiscal, elevação das taxas de juros Essa fase da economia sofre influência do pensamento único neoliberal, também chamada da globalização, que defende o princípio da articulação direta entre o global e o local, ignorando a mediação nacional, foi uma época marcada pela deterioração dos mecanismos de integração do mercado nacional brasileiro.

A distinção entre o período desenvolvimentista, de atuação das superintendências regionais de desenvolvimento, e o período subsequente de crise do Estado é ressaltada por Guimarães Neto.

Essa experiência de planejamento territorial – baseada em superintendências que se voltam para a realização de ações de desenvolvimento econômico e social das macrorregiões brasileiras, como a SUDENE, SUDAM, Sudeco e Sudesul, ou para partes de uma macrorregião, como é o caso da Suframa voltada para a Amazônia Ocidental – teve sua fase de atuação relevante, no contexto do desenvolvimento autoritário, nas décadas de 1970 e 1980 e a redução de seu papel na década de 1990. (Fernandes apud Guimarães Neto, 2010, p.21)

A partir dos anos 1980, alguns fenômenos influenciaram de maneira significativa os novos rumos do desenvolvimento regional ou territorial do Brasil, o próprio processo de democratização e abertura política, o avanço do processo de globalização, a aproximação das ideias neoliberais da presença do Estado na economia.

A fase pós abertura política predominou ideia neoliberal voltado para o incentivo ao desenvolvimento do poder local, o foco era a promoção de arranjos produtivos locais (APL), que contou com a parceria de diversos órgão de fomento, como entidades dos governos estaduais e federal, além dos organismos internacionais de cooperação, e houve a deterioração das políticas públicas de desenvolvimento.

Segundo Resende e col. (2017, p. 40) a partir de 1995, com a implementação do Plano Real de estabilização macroeconômica um novo cenário para a reorganização fiscal financeira do Estado Brasileiro veio a se estabelecer em bases mais permanentes. Entretanto, nesta nova fase, o imperativo da liberação comercial e financeira da economia brasileira, bem como da redução do papel do Estado, principalmente como produtor econômico, impôs uma forte repressão às políticas regionais explícitas. De um lado, isso ocorreu porque o governo federal conteve sua capacidade de investimento em políticas estruturantes e, de outro, porque os recursos da política regional explicita, os fundos constitucionais de desenvolvimento (Fundo Constitucional de Financiamento do Norte- FNO; Fundo Constitucional de Financiamento do Nordeste – FNE; e Fundo Constitucional de Financiamento do Centro- Oeste – FCO), destinados por preceito constitucional para as regiões Norte, Nordeste e Centro- Oeste, tiveram sua base de arrecadação reduzida, quando o governo federal ampliou a porção relacionada com as contribuições sociais federais (não compartilháveis com o governos subnacionais ou com regiões de menor desenvolvimento) no conjunto da carga tributária brasileira.

De acordo com Resende e col. (apud Cano, 1995; Pacheco, 1998). Este foi um período de baixo crescimento da economia brasileira e de retorno à preocupação do agravamento dos desequilíbrios locais. As referências institucionais da política regional – as clássicas superintendências regionais (Sudene, Sudam e Sudeco) – foram enfraquecidas e substituídas por agências de desenvolvimento com atribuições muito limitadas. Vários estudiosos passaram a especular, neste momento, sobre o aumento das disparidades, depois de um breve interregno, entre 1970 e 1985, de convergência regional e até mesmo a temer pela existência de um fenômeno novo, o da fragmentação da nação, em face dos movimentos de abertura da economia brasileira para o exterior com as economias mais aptas se colando às dinâmicas do comércio externo e o Estado se ausentando de produzir orientações de redução das desigualdades e até mesmo da promoção de políticas de desenvolvimento local.

Segundo Coêlho (2014) às iniciativas locais apesar de significativas mostraram-se insuficiente para promover o estímulo necessário que ensejasse o desenvolvimento econômico local, e impulsionasse o regional e do país. O que pode ser atribuído pelo baixo volume de recursos envolvidos nas iniciativas ou pela baixa ou falta de coordenação das inúmeras ações implantadas por inúmeras instituições.

Coêlho apud Amin (2007) pontua que o localismo não pode controlar as forças envolvidas nos espaços da organização econômica transterritorial. Essas forças sob a forma de preço de ações, taxas de juros, decisões de investimentos corporativos e bancários, transferências financeiras, fluxos de informações, pessoas e conhecimento tomadas em nível nacional e mundial distorcem ou anulam os esforços realizados para trazer benefícios locais.

Segundo Coêlho, em 2007 o contexto econômico brasileiro era de inserção externa com limitações de ordem orçamentária, financeira e comercial. Conjuntural difícil de se implementar políticas públicas de desenvolvimento. Tendo em vista que o país convivia com juros elevados, com as atividades econômicas produtiva deprimidas e favorecendo o rentismo e a taxa de câmbio era valorizada favorecendo as importações, limitando o planejamento industrial e as exportações.

O quadro econômico externo, que exigia constante ajustes à ortodoxia macroeconômica, aliado a conjuntura econômica interna, dificultava a implementação de um projeto nacional de desenvolvimento para o Brasil impondo limites aos instrumentos tradicionais de fomento, ampliando os conflitos regionais pelas aplicações federais e levando o esgarçamento do princípio da solidariedade regional e ao questionamento do próprio sistema federativo brasileiro.

O Brasil retorna ao crescimento no período de 2007 – 2010, segundo governo Lula, via a vis a década perdida 1980 e 1990. O governo acelerou o crescimento econômico com base na ampliação da taxa de investimento, na ampliação de investimento público em infraestrutura e pelos incentivos aos investimento privados por meio de um ambiente business friendly (amigável e negócios), com a remoção de obstáculos normativos, burocráticos e jurídicos. (Coêlho apud Carneiro, 2008).

Através do PAC – Programa de Aceleração do Crescimento foi contemplando investimento na economia em torno de R$ 503,9 bilhões, em diferentes áreas : i) infraestrutura energética (petróleo, gás natural e energia elétrica); ii) infraestrutura social e urbana (habitação e saneamento); iii) infraestrutura logística (rodovias , ferrovias, portos e aeroportos).

Esse crescimento também repercutiu no mercado interno, possibilitado com a expansão do crédito, que passou de 25% para 45% do PIB, na valorização da massa salarial (o salário mínimo praticamente dobrou em termos reais), nos investimentos expressivos em programas sociais de transferência de renda. As aplicações previstas pelo PAC para o Norte e Nordeste eram maiores que os percentuais de participação do PIB dessas regiões no produto nacional.

No mercado externo esse período de reaquecimento da economia foi favorecido com a aceleração do crescimento asiático nos anos 2000, em particular a China, que foi grande importador de produtos dos setores intensivos em recursos naturais, como as commodities dos complexos de grão, proteínas animal, mineração e petroquímica, entre 2003 -2010 as exportações brasileiras quase triplicaram – de U$$ 73 bilhões para U$$ 202 bilhões.

Segundo estudos de Coêlho (2014), no campo da política regional o período de crescimento da economia o programa de governo se comprometeu em estudar e implementar uma política de desenvolvimento regional, inclusive com recriação de extintas superintendências de desenvolvimento, Sudam Sudene e Sudeco. A proposta do Plano Plurianual (PPA) 2004 -2007- Brasil para Todos – tinha entre seus objetivos a redução da desigualdade regional.

A partir de 2003, uma nova proposta uma nova proposta de política de desenvolvimento regional passou a ser construída pelo governo federal. A proposta da PNDR apresentada em 2003 visava enfrentar a tendência geral de concentração de renda na capital ativando as potencialidades de desenvolvimento das regiões brasileiras. A política estava fundamentada na equidade, traduzida nas desigualdades regionais de renda, oportunidades e condições de trabalho, e também na competitividade, a partir da estruturação de uma base econômica regional capaz de competir no mercado nacional e internacional. A premissa dessa política é que ela deveria ser uma política de governo não restrita a um único ministério.

Apesar que a PNDR requeresse uma abordagem em múltipla escala, dada a complexidade regional brasileira, a fim de romper com a visão tradicional brasileira que tende a circunscrever o problema regional ao nordeste e norte, adotou-se a escala microrregional para a formatação da tipologia territorial da PNDR.

Nessa visão e após avaliação sócio ambiental o nordeste semiárido e a região de faixa de fronteira são destacados como sub-região estratégica importantes para o desenvolvimento e a integração nacional.

A PNDR foi apresentada a sociedade em 2003, e apesar de ter recolocado a questão do desenvolvimento regional na pauta de discussão do governo federal, somente em fevereiro de 2007 foi formalmente instituída como política de governo, por meio do decreto n°6.047/2007 de 22 de fevereiro de 2007. Com essa política o governo federal reconhece as desigualdades regionais existentes no Brasil e propõe políticas articuladas, buscando a atuação conjunta do Estado e de atores sociais na busca da redução das desigualdades regionais., que previa a redução das desigualdades regionais pelo estímulo e apoio aos processos e oportunidades de desenvolvimento regional, em múltiplas escalas, articulando ações que provessem uma melhor distribuição das políticas pelo País, com destaque para os territórios selecionados.

A proposta da política inovou ao trazer uma perspectiva nacional sobre as desigualdades socioespaciais brasileiras, ao conceder centralidade para o papel do Estado diante da hegemonia neoliberal e ao propor uma atuação em múltiplas escalas. De todo modo, pode-se dizer que, durante o governo Lula, a PNDR não conseguiu se afirmar como política pública seja pela efetiva execução orçamentária, seja pela visibilidade política.

De acordo com PEREIRA citado por Coelho (2017, p.78) sem um projeto nacional de desenvolvimento e mecanismo de financiamento – dado o fracasso na criação do FNDR –, a PNDR voltou-se a uma operação que pouco avançou em relação às políticas regionais minimalistas que a antecederam. Os programas de desenvolvimento regional a cargo do MI mantiveram um escopo eminentemente local, trabalhando iniciativas pontuais de promoção de APL e arenas de representação sub-regional (fóruns mesorregionais). A atuação do MI, pontualmente localizada no território, privilegiou estímulos cujos impactos também tenderam a ser localizados.

Em 2007, foram recriadas a Sudam e a Sudene, e em 2009, a Sudeco. No início do segundo governo Lula, recuperou-se o debate em torno da reforma tributária e da criação do FNDR, no âmbito da PEC no 31/2007. Na verdade, a segunda gestão não trouxe inovações para a política regional. As superintendências de desenvolvimento regional caminharam vagarosamente, sem quadros técnicos, orçamento, infraestrutura ou clareza sobre seu papel institucional. A proposta de reforma tributária estendeu-se pelos quatro anos do segundo governo Lula, sem avanços concretos em relação ao fim da guerra fiscal ou à criação do FNDR. (Coêlho, p.78.2017).

Ainda segundo estudos de Coêlho ao longo do segundo governo Lula, a pasta regional do MI continuou sofrendo de carência crônica de recursos, o que a obrigou a manter sua terapêutica homeopática nas intervenções de política regional, concentrando-se no fortalecimento institucional das mesorregiões e no apoio pontual a APLs selecionados.

Com a carência de recursos especifica para o desenvolvimento regional parte substancial dos recursos apresentados na área temática de desenvolvimento regional advém de emendas parlamentares, tendência válida até os dias atuais. Esse mecanismo é bastante criticado e questionado pelos órgãos de controle. Relatório emitido em 2009 pelo Tribunal de Contas da União (TCU), que apontou como uma fragilidade dos programas mesorregionais a enorme participação das emendas parlamentares no seu financiamento: entre 2005 e 2009, essa fonte representou, em média, cerca de 90% dos recursos consignados pelas leis orçamentárias anuais para o programa. Além do notório uso político das emendas, seu caráter difuso e fragmentário não permite que esse instrumento seja o funding adequado a projetos de desenvolvimento socioeconômico. (Coêlho, 2017).

Segundo estudos de Rezende e col. (2017, p. 42) quando o governo federal instituiu e passou a executar o Plano de Aceleração do Crescimento (PAC). Seu propósito central foi aumentar a taxa de acumulação da economia nacional por meio da elevação do investimento público em infraestrutura (rodovias, portos, aeroportos), comunicações e habitação.

Nos anos imediatamente subsequentes, em face da desaceleração da economia mundial e da crise financeira internacional de 2008/2009, o PAC ganhou ainda mais importância como elemento da estratégia nacional de crescimento. Passou a contar com a firme disposição do governo federal na ampliação da oferta pública de crédito bancário, em contexto de retração de crédito do setor bancário privado, de maneira a garantir o financiamento dos investimentos planejados.

As instituições públicas voltadas para o desenvolvimento regional acompanharam bem de perto este novo ativismo fiscal do governo federal e passaram a contribuir mais fortemente para o esforço nacional de crescimento. Os fundos constitucionais, por exemplo, tiveram uma significativa ampliação de seus desembolsos no período: o FNO passou de 1,0% do PIB da região Norte, em 2005, para 1,3% em 2010 e 1,8% em 2012; o FNE, por sua vez, passou de 1,6% do PIB da região Nordeste, em 2005, para 2,1% em 2010, e atingiu 2,0% em 2012; e o FCO, por sua vez, passou de 0,8% do PIB da região Centro-Oeste, em 2005, para 1,2% em 2010 e 1,4% em 2012.

Comparada a magnitude dos recursos da política regional explícita a outros recursos de políticas setoriais e/ou mesmo de programas sociais, vê-se, entretanto, como quaisquer trajetórias de mudanças estruturais nas regiões de menor desenvolvimento ocorrem no período recente, em grande medida, por força destas últimas.

9. Percurso Histórico

A ZFM apesar de ter sido criada em fevereiro de 1967, o projeto que lhe deu origem foi o Projeto de lei 1.310/1951, aprovado em junho de 1957, de autoria do deputado federal Francisco Pereira da Silva –PSD-AM, mas somente convertendo-se na Lei 3.173, no governo de Juscelino Kubitschek, no âmbito de seu Plano Metas, que tinha como principal foco a industrialização nacional e era inserida a política de ocupação territorial, tendo à frente o economista Celso Furtado. O desenvolvimentismo era uma política baseada na meta de crescimento da produção industrial e infraestrutura com forte participação do Estado. E, apesar de ter sido regulamentado pelo Decreto 47.757/1960, a efetiva operacionalização da ZFM, viria a ocorrer no governo da ditadura militar, durante a execução do primeiro Plano de Ação Econômica (PAE 1964-1966), três anos depois, no governo do general Castelo Branco que tinha sido comandante militar (PEREIRA, 2004);

4.1 Fases da Zona Franca de Manaus - ZFM em relação a política macroeconômica, industrial e de desenvolvimento brasileira:

4.1.1 A primeira fase, de 1967 a 1975, a política industrial de referência no país caracterizava-se pelo estímulo à substituição de importações de bens finais, seleção de importações em favor de bem de capital e formação de mercado interno. As superintendências regionais foram criadas com o objetivo de conduzir o processo de industrialização nas chamadas periferias nacionais visando desconcentrar a economia produtiva no território nacional, através da atração de empreendimentos privados externos às Nordeste e Norte, utilizando os mecanismos de isenção fiscal e financeira para permitir a redução do custo de instalação do capital produtivo.

Essa fase da ZFM, a economia nacional se caracterizou por um período de reformas, nesse período foi implementado o Plano Trienal de Desenvolvimento Econômico e Social (1961-1964), Plano de Ação Econômica do Governo -PAEG (1964-1967). E o primeiro plano Nacional de Desenvolvimento (governo Médici -1969-1974).

O Plano Trienal buscava a continuidade do crescimento e a promoção de estabilidade econômica e resolver, principalmente, os problemas estruturais (gargalos) que o desenvolvimento havia imprimido às nações subdesenvolvidas, principais causadores da inflação e dos déficits nas contas do governo.

O Plano de Ação Econômica, foi o primeiro plano implementado pelo regime militar, tendo à frente o presidente Castelo Branco, e foi implementado com o intuito de estabilizar a economia, tendo como preocupação a inflação e a preservação do crescimento dos salários. Nesse governo foram realizadas as reformas institucionais: reforma bancária- a delimitação dos tipos de bancos e a criação do Banco Central, a reorganização da estrutura de tributação e a centralização do poder político e econômico.

Em 28 de fevereiro de 1967, foi assinado o Decreto –Lei nº288, alterando as disposições da Lei nº3.173, de 6 de junho de 1957 e regula a Zona Franca de Manaus.

O Decreto – Lei nº288, de 28 de fevereiro de 1967, também estabeleceu em seu art.10, que a administração das instalações e serviços da Zona Franca será exercida pela Superintendência da Zona Franca de Manaus (Suframa), entidade autárquica, com personalidade jurídica e patrimônio próprio, autonomia administrativa e financeira, com sede e foro na cidade de Manaus, capital do Estado do Amazonas.

Na mesma data, 28 de fevereiro de 1967, o Decreto – Lei nº 291 estabeleceu incentivos fiscais para o desenvolvimento da Amazônia Ocidental e da faixa de fronteiras abrangida pela Amazônia brasileira, considerando " da mais alta prioridade o incentivo ao surgimento de atividades auto-sustentadas na mesma área" (art.1º, §3º, a).

O prazo de vigência dos incentivos fiscais (admitindo a sua prorrogação) foi estabelecido em 30 anos. O Decreto –Lei nº288/1967, também, criou mecanismo para ampliar o elenco de benefícios fiscais por ele instituídos, condicionando o início da sua vigência à concessão de crédito fiscal de ICM e de isenção de ISS, por parte do Governo do Amazonas e da Prefeitura de Manaus, respectivamente.

A concessão da Isenção do Imposto sobre Serviços de Qualquer Natureza a todas as empresas ou profissionais autônomos, prestadores de serviços, com ou sem estabelecimento fixo, na forma que preceitua o art.49 do Decreto –Lei nº288/1967, foi estabelecida no Decreto nº25, de 17 de março de 1967.

E o crédito fiscal de que trata o art.49, inciso I, do Decreto – Lei 288, de 28.2.1967, foi concedido pela Lei nº569, de 7 de abril de 1967.

O I Plano Nacional de Desenvolvimento (PND), foi elaborado durante o governo Médici. Para a ZFM esse foi um Governo importante porque Médici iniciou o processo de grande expansão das políticas de proteção do território nacional, marcado pelo expressivo crescimento econômico, pela ampliação dos investimentos em superintendências e pela integração nacional.

4.1.2 A segunda fase compreendeu o período de 1975 a 1990. Nesta fase, a política industrial de referência no país caracterizava-se pela adoção de medidas que fomentasse a indústria nacional de insumos, sobretudo no Estado de São Paulo.

Nessa fase as políticas regionais sofreram impactos também das políticas setoriais nacionais-como infraestrutura de transporte, energia, comunicação, habitação etc, implementada no país na década de 1970 até meado de 1980. No período de 1970 – 1979 foi implementado o Plano Nacional de Desenvolvimento II e 1979- 1985 – o Plano Nacional de Desenvolvimento III (PNDs I II e III), os quais realizaram gastos expressivos nessas áreas subdesenvolvidas (Regiões Norte e Nordeste), com o objetivo de aumentar a renda per capita da região.

Apesar da crise, que foi decorrente do choque do petróleo, na década de 1970, que teve seus reflexos no Brasil, devido a inversão dos fluxos de capitais, com a retirada de capitais investidos nas periferias pelos países centrais, os economistas da época decidiram não parar com a industrialização, e foi elaborado o II PND. Com o objetivo de continuar com o processo de desenvolvimento. A industrialização naquele período foi impulsionada pelo Estado, e foi considerada como processo de estatização da economia.

A principal meta do II PND era a manutenção da taxa de crescimento econômico em torno de 10% ao ano, com crescimento industrial em torno de 12%.

A década de 80, foi considerada a década de crise para a economia brasileira, a qual sofreu impacto de fenômenos externos, como a desvalorização do dólar americano, decorrente da estratégia dos Estados Unidos da retomada da hegemonia norte-americana, e a valorização da moeda japonesa e o excesso de protecionismo nas economias industrializadas.

Internamente o recuo das exportações e a queda do poder aquisitivo do povo brasileiro, com grande processo inflacionário, em que o antigo problema da industrialização foi substituído pelos problemas sociais- como educação, saúde e distribuição de renda, fez com que o Brasil entrasse nos anos 90 em grave processo de recessão. Esse cenário impactou fortemente as empresas do Distrito Industrial de Manaus.

O Brasil estava asfixiado pela dívida externa e pela alta inflação, e, nessa fase da ZFM, na economia nacional foram implantados o Plano Cruzado I, Plano Cruzado II , Plano Bresser e Plano Verão , período de 1985-1980 – Governo José Sarney.

Nessa segunda fase foram realizadas duas prorrogações de prazo da ZFM. A primeira prorrogação da vigência da Zona Franca de Manaus, foi prorrogado por mais 10 anos. O prazo inicial seria até 1997, prazo de 30 ano. Por meio do Decreto 92560, de 16 de abril de 1986, foi prorrogado mais 10 anos.

Dois anos depois, foi realizada a segunda prorrogação. Através da emenda do Deputado federal amazonense José Bernardo Cabral, relator da Assembleia Nacional Constituinte, foi assegurado na Constituição Federal de 1988, no artigo 40 dos Atos das disposições Constitucionais Transitórias, mais 25 anos para a ZFM, até 2013, assegurando a manutenção de suas características de área de livre comércio, de exportação e importação e de incentivos fiscais.

4.1.3 A terceira fase compreendeu os anos de 1991 e 1996. Nesta fase, considerada a fase neoliberal, entrou em vigor a Nova Política Industrial e de Comércio Exterior, marcada pela abertura da economia brasileira, redução do Imposto de Importação para o restante do país e ênfase na qualidade e produtividade, com a implantação do Programa Brasileiro de Qualidade e Produtividade (PBPQ) e Programa de Competitividade Industrial. A edição da Lei 8.387 de 30 de dezembro de 1991, a Lei de informática, que estabeleceu profundas mudanças no modelo ZFM.

Nessa fase - considerada de transformação produtiva - a economia nacional viveu o Plano Brasil Novo (plano Collor) (1990-1992), Plano Real e Projeto de Combate à Miséria – 1992-1995.

Foi, ainda, nessa segunda fase da ZFM que foi criada a lei de informática, e que se deu início, também, a política de aplicação de recursos de Pesquisa e Desenvolvimento

(P&D) na região, e a substituição dos Índices Mínimos de Nacionalização pelo Processo Produtivo Básico (PPB)

Devido a abertura da economia do País, no auge da recessão que marcou aqueles tempos, o parque industrial da Zona Franca de Manaus, que vinha de uma política de nacionalização progressiva desde 1976, passou a enfrentar a forte concorrência dos similares importados. Mas modernos e mais baratos, os produtos estrangeiros invadiram o mercado. Manaus deixou de ser o único centro supridor de bens de consumo importado no cenário nacional. Houve demissão em massa a ZFM.

Mas a reformulação da política Industria e de Comércio Exterior do Governo Federal e a abertura do mercado brasileiro levaram o parque industrial da Zona Franca de Manaus a se pautar a reconversão industrial e na qualidade de sua produção.

Em 1995, após o processo de reconversão, as empresas do polo eletroeletrônico dobraram a produção em relação aos anos anteriores. A produção de televisores em cores chegou a 8, 7 milhões de aparelhos, colocando o Brasil na posição de terceiro maior produtor mundial desse produto.

Os índices mínimos de nacionalização eram progressivos, o que possibilitou o surgimento de uma indústria nacional de componentes e insumos em várias regiões, sobretudo no Estado de São Paulo, de forma que nesse período, para cada dólar gasto com importações, a ZFM comprava o equivalente a quatro dólares no mercado nacional.

Alguns produtos, como televisores em cores, alcançaram índices de 93% de nacionalização, outros 100%, como as motocicletas de 125 cilindradas.

A reconversão industrial, aliada ao investimento em qualidade e produtividade, levou o Polo Industrial de Manaus (PIM) a registrar recorde de faturamento, em 1996, quando as indústrias faturaram U$$ 13,2 bilhões.

4.1.4 A quarta fase compreende o período de 1996 a 2002, é uma fase em que a política industrial de referência do país caracterizava-se por sua adaptação aos cenários de uma economia globalizada e pelos ajustes demandados pelos efeitos do Plano Real, como o movimento de privatizações e desregulamentação.

No período de 1996 a 2002: houve a inclusão da função exportadora como política intencional, com objetivo de estimular as vendas externas do Polo Industrial de Manaus.

Nessa fase também foram adotadas medidas visando interiorizar os benefícios fiscais da ZFM e descentralizar a aplicação dos recursos para o interior do Estado.

Em 1997, o Conselho de Administração da Suframa aprovou novos critérios para aplicação de recursos da Autarquia, fortalecendo as atividades econômicas do Amazonas, Acre, Roraima, Rondônia e nos municípios de Macapá e Santana, no Amapá.

4.1.5 A quinta fase compreende o período de 2003 a 2015, no cenário nacional foi considerado um período Convenção neodesenvolvimentista, proposto inicialmente no Plano Plurianual de Aplicações (PPA) 2003-2007, ampliado pela Política Industrial, Tecnológica e de Comércio Exterior (PITCE) e pela tentativa de estabelecer parcerias público-privadas, em 2003, depois pelo Programa de Aceleração do Crescimento (PAC) - 2007-2010 e pela Política de Desenvolvimento Produtivo (PDP). 2012 -2015 – Plano Mais Brasil.

É considerado um período de convenção porque nessa fase o Estado volta a assumir papel de liderança no processo de desenvolvimento, recuperação, inclusive, o protagonismo das empresas estatais e dos bancos públicos, perdido durante o período liberal.

Nos dois primeiros pilares e no último, é clara uma atualização da antiga proposta desenvolvimentista. Restabelece-se a tradicional coalizão entre empreiteiras da construção pesada e leve, fornecedores de insumo e equipamentos e seus empregados com o governo. O terceiro pilar vai além: almeja não só o consumo de massas e seu investimento derivado, sob inspiração keynesiana, mas também sanar a grande deficiência do antigo padrão desenvolvimentista: a restrita inclusão econômica apontada por Keynesianos como Furtado (1961) como óbice principal à sustentabilidade do desenvolvimentismo.

A Política de Desenvolvimento Produtivo (PDP), lançada em 2008, em aprofundamento da Política Industrial Tecnológica e de Comércio Exterior (PITCE), que prevê maior eficiência produtiva e capacidade de inovação das empresas e expansão das exportações. A PDP define macrometas para o país, até 2010, que prevêem o aumento da formação bruta de capital fixo, maior dispêndio do setor privado em pesquisa e desenvolvimento (P&D), e ampliação das exportações brasileiras, em especial, das micro e pequenas empresas.

Nesse período, em 2014, em 5/08/2014, foi prorrogado os incentivos fiscais especiais do projeto Zona Franca de Manaus – ZFM até 2073, através da promulgação da Emenda Constitucional n°83/2014, que criou efetivamente o art.92-A no Ato das Disposições Constitucionais Transitórias (ADCT), da Constituição federal, acrescentando 50 anos ao prazo fixado no dispositivo, que previa a vigência dos benefícios somente até 2023.

5. Evolução da ZFM - Processo de Industrialização e Desenvolvimento Regional

Nesta seção, faz-se um balanço do processo de industrialização da ZFM. As medidas de reconversão visando garantir a permanência da ZFM tornaram os produtos da ZFM mais competitivos e em condições de concorrer como os produtos importados, e também gerou a necessidade de se ampliar a política comercial de forma a aumentar as exportações dos produtos do PIM, bem como a busca pela desconcentração espacial da produção concentrada no Polo Industrial de Manaus para o desenvolvimento do Estado, integrando o interior nesse processo de desenvolvimento. E a busca da indústria local pelo desenvolvimento tecnológico e logístico.

5.1 – Processo inicial de formação das indústrias do PIM

Na primeira fase o modelo tinha como aspecto relevante a predominância da atividade comercial (sem limitação de importação de produtos, exceto armas e munições, fumos, bebidas alcoólicas, automóveis de passageiro e perfumes); grande fluxo turístico doméstico, estimulado pela venda de produtos cuja importação estava proibida no restante do país; expansão do setor terciário; e início da atividade industrial.

Em 1967 o Decreto – Lei n°288 sofreu alteração através do Decreto n°61,244 de 28 de agosto de 1967, que alterou o artigo 3 daquele decreto, determinando que a entrada de produto sujeito a imposto de importação e sobre produto industrializados para as mercadorias estrangeiras e destinadas a seu consumo interno, industrialização em qualquer grau, antes feita com isenção do imposto, se fizesse com suspensão dos impostos de importação e sobre produtos industrializados.

A SUFRAMA, no primeiro momento, tinha como principais características institucionais, o controle de entradas e estocagem de mercadorias, com predomínio da função aduaneira e foco de atuação em Manaus.

Devido ao grande fluxo de turismo doméstico, estimulado pela venda de produtos estrangeiros que tinha a importação proibida no restante do país, o centro da cidade foi ocupado por centenas de lojas, apresentando diversificada linha de produtos de marcas consagradas no mercado internacional. Manaus, nos primeiros anos da ZFM, era a única cidade brasileira onde o comércio de mercadorias estrangeiras podia ser praticado livremente, portanto se tornou um pólo expressivo de turismo doméstico, atraindo compradores de todos os pontos do Brasil.

Segundo Garcia (1997) a participação do setor terciário na formação de renda do Estado do Amazonas evoluiu de 55,8% em 1965 para 61,3% em 1975. O crescimento do Comércio alavancava o setor de serviços, abrindo perspectivas de emprego e trabalho, renda e salário. A rede bancária e o setor hoteleiro expandiam-se. Entre 1967 a 1975, a arrecadação do Imposto sobre Circulação de Mercadoria (ICM) cresceu 321% em termos reais, permitindo ao Estado do Amazonas atender parcialmente as novas demandas por serviço público, determinadas pelo grande incremento da população da cidade de Manaus (cerca de 70%).

Em 14 de junho de 1968 através da portaria nº175, o setor industrial começa a ser estruturado. Foram aprovados os critérios e procedimentos para apresentação, exame e aprovação de projetos destinados à implantação de industriais incentivadas na ZFM, A partir de 1968 a Suframa começou a analisar e aprovar projetos industriais. Em setembro de 1968 o Conselho de Administração da Suframa aprovou o projeto da Beta S. A. Indústria e Comércio, primeiro projeto industrial com estímulos fiscais aprovados na ZFM. O objeto do projeto era produção de joias e a oferta de 218 empregos e 40 empregos indiretos.

Os dados oficiais da Suframa, mostram que no período de 1968 a 1974, que apesar da falta de infraestrutura básica, foram analisados e aprovados pela Suframa 138 projetos industriais. Na primeira fase de implantação dos projetos a operacionalização se deu em instalações provisórias. Foram 35 projetos foram implantados em instalações provisórias no centro da cidade. Segundo Salazar (2004) a principal dificuldade de implantar o projeto logo após a sua criação em 1957, foi a falta de infraestrutura básica para fixação das indústrias.

Devido à alta demanda por projetos de implantação, nasceu a urgência em se construir um distrito industrial. Em agosto de 1968 foi assinado o Decreto Federal nº63105, de 15 de 1968, declarando de utilidade pública, para fins de desapropriação e construção do Distrito Industrial, uma área de aproximadamente 1.7000 hectares.

O Distrito Industrial também foi um incentivo locacional, as indústrias instaladas na ZFM, que passaram a adquirir lotes urbanizados, a preços simbólicos, mediante aprovação de projetos técnico-econômicos submetidos à análise da Suframa.

No final da primeira fase da ZFM a demanda pelas áreas do distrito industrial já era alta. Em dezembro de 1974 64 empresas do setor industrial com projetos aprovados pela Suframa já tinham adquiridos 217 hectares, correspondendo a cerca de 25% da área industrial (882 ha), apesar da área pioneira construída corresponder somente a 116 hectares.

5.2 PERÍODO DE 1975- 1990

No início da segunda fase da ZFM, considerada pela Suframa do período de 1975 a 1990, a Zona Franca de Manaus foi estimulada pelo processo de industrialização do país, a qual foi impulsionada pelo Estado. O II PND tinha como principal meta a manter a taxa de crescimento econômico em torno de 10% ao ano, com crescimento industrial de 12%.

Nesse período um dos focos da Suframa era a transferência das indústrias incentivadas provisoriamente no centro da cidade, para o Distrito Industrial. Essa prioridade também fazia parte da política industrial nacional. A intensificação da instalação do Distrito Industrial e, por consequência, a sua plena ocupação passou fazer parte dos objetivos de curto prazo da Suframa, tendo em vista que as empresas instaladas de forma provisórias, em diferentes pontos da cidade, trazia insegurança ao empresariado quanto à continuidade do modelo de incentivos fiscais.

O Plano Geral de Urbanização e infra-estrutura do Distrito Industrial, incluindo obras de drenagem, pavimentação, sistema de esgotos, abastecimento de água, redes de energia elétrica e telefonia, paisagismo e sinalização viária, foi integralmente executado à conta de recursos orçamentários da Suframa.

O porte dos investimentos realizados e o significado econômico-social do Distrito Industrial determinaram o seu enquadramento no II PND (II plano Nacional de Desenvolvimento – 1975-1979).

Todo esses estímulos de uma política de instrumentos explícitos de incentivos fiscais de atração de grandes empresas, visando uma desconcentração produtiva tiveram resultados positivos no primeiro ano de reestruturação da ZFM, ocorrida com a vigência do Decreto-Lei n°288/67. Naquela época o setor de eletroeletrônico representava 19%, dos 26 projetos do setor, sendo que 17 já estavam em operação em fins de 1974, entre as quais os das indústrias Pereira Lopes-Ibesa, aprovado em 1970; Springer da Amazônia e Semp Amazonas S.A., aprovado em 1971; Sharp do Brasil, CCE da Amazônia, Philips da Amazonia S. A, e Evadin Amazônia, aprovado em 1972.

O parque industrial da Zona Franca de Manaus era formado por indústria de montagem, dedicadas basicamente à fabricação de produtos das linhas de áudio e de vídeo: rádios-portáteis, rádios e toca-fitas para automóveis, rádios –relógios com despertadores, rádio eletrolas, gravadores, toca-discos e televisores em preto e em cores. A Springer fabricava também condicionadores de ar para residências e para automóveis e a Sharp, calculadoras eletrônicas; a Dismac e a Gentek m também, fabricavam calculadoras eletrônicas.

Segundo Garcia (1997) o polo industrial da Zona Franca de Manaus, dedicado à produção de bens finais de alto valor específico, com intensa mobilização de mão de obra, representa parcela significativa da produção nacional eletroeletrônicos. A escolha da ZFM pelos japoneses e por empresas transnacionais do porte da Philips e da Philco – operando em suas próprias industriais, ou em joint-venture com empresas nacionais, ou, ainda, mediante concessão de uso de marcas –era garantia de aceitação dos produtos aqui fabricados. O respaldo técnico de marcas consagradas neutraliza a falta de tradição industrial de uma região até então conhecida apenas como exportadora de produtos primários.

Depois de 8 anos de vigência, após sua estruturação através do Decreto-lei n°288/67, quando o governo federal regulamenta a Zona Franca de Manaus estabelecendo os mecanismos adequados para a implementação da ZFM, estabelecendo os objetivos pretendidos, definindo incentivos fiscais para as atividades econômicas e criando um órgão (A SUFRAMA) vinculado ao Ministério do Interior com a responsabilidade de administrar a implementação da ZFM, a Zona Franca de Manaus cresceu sua atividade comercial e industrial. Nesses oito anos se consolidou um expressivo centro de comércio e serviço e a implantação de cerca de 272 projetos industriais, no entanto em 1976, mudança na política nacional, teve que se adaptar aos esforços nacional pró-equilíbrio do balanço de pagamento.

Com o crescimento industrial cresce também a cobrança para uma desconcentração espacial da produção concentrada no Polo Industrial de Manaus para o desenvolvimento do Estado, integrando o interior nesse processo de desenvolvimento. Segundo Garcia (1997) naquela época crescia o entendimento técnico da Suframa de que era iminente a necessidade de se introduzir mecanismos que induzissem a integração das atividades setoriais da Zona Franca à estrutura da economia regional e lhe permitissem assumir efetivamente a posição de agência oficial de desenvolvimento, pois o parque fabril incentivado, que estava se implantando, era ainda formado por indústrias com reduzidas fases de operação, baixos investimentos e pequena capacidade de absorção de capital e de tecnologia. A participação do setor primário na formação da renda do Amazonas era muito pequena e provinha maciçamente de produtos extrativos. Evidenciava-se a necessidade de estimular a verticalização de alguns segmentos industriais e a implementação de empreendimentos agropecuários e agroindustriais; investir na formação de capital humano e na geração de conhecimento científico e tecnológico, como pressupostos essenciais para fundamentar as bases do desenvolvimento.

Nessa fase houve a necessidade de promover mudanças na política de incentivos fiscais. Essa mudança teve como base a avaliação de desempenho da Zona Franca de Manaus realizada de forma pormenorizada pela própria Suframa, a qual serviu de base para exposição de Motivos nº 002/75 do Ministro do Interior, Fazenda, da Indústria e do Comércio, da Agricultura e do Planejamento apresentada ao Conselho de Desenvolvimento Econômico (CDE) a exposição de, que foi aprovada pelo presidente da república no dia 25 de novembro do mesmo ano e redefiniu as estratégias governamentais para a Zona Franca de Manaus e a Amazônia Ocidental, balizando a introdução de medidas de ordem legal e administrativa que alteraram substancialmente a política de incentivos fiscais.

A avaliação de desempenho realizada pela Suframa demonstrou o seguinte perfil das atividades produtivas da ZFM: a) Forte concentração dos investimentos em determinados gêneros industriais, particularmente na indústria eletroeletrônica (representando, em alguns casos, parcelas significativas da produção nacional); b) Ausência de integração intra-industrial, determinada, em parte, pela não aplicação dos incentivos fiscais à produção de bens intermediários, inclusive aos sem similar nacional; c)Baixos índices de nacionalização, no tocante a matérias-primas e componentes; d) Pouco interesse pela implantação de empreendimentos agropecuários e agroindustriais e insignificante aproveitamento de matérias-primas locais; e d) a necessidade de estender a isenção do IPI a toda a Amazônia Ocidental, como forma de viabilizar a implantação de empreendimentos econômicos no interior desta região, priorizando os dedicados ao aproveitamento de matéria-prima regional.

Dentre as medidas adotadas visando a desconcentração espacial das atividades econômicas do Estado, que alteraram substancialmente a política de incentivos fiscais, temos o Decreto – Lei nº1435, de 16 de dezembro de 1975- alterou a redação do art. 7º do Decreto- Lei nº288, de 28 de fevereiro de 1967, e o art. 2º do Decreto – Lei nº356, de 15 de agosto de 1968; e isentou do Imposto sobre Produto Industrializado " os produtos elaborados com matérias- primas agrícolas e extrativas vegetais de produção regional, exclusive as de origem pecuária, por estabelecimentos localizados na área definida pelo § 4º do art.1º do Decreto-Lei nº291, de 28 de fevereiro de 1967"

Também estabelece novas competências para o Conselho de Administração da Superintendência da Zona Franca de Manaus, dando competência para o Conselho aprovar projetos que objetivassem usufruir dos incentivos fiscais previstos nos artigos 7 e 9º do Decreto-Lei nº288/1967, bem como estabelecer normas, exigências, limitações e condições para aprovação de projetos.

A partir dessa reestruturação a ZFM entra na segunda fase, período no qual a política industrial de referência do país passa pela adoção de medidas que fomentasse a indústria nacional de insumo. Então a industrial local passa a apresentar as seguintes características, foram estabelecidos Índices Mínimos de Nacionalização para produtos industrializados na ZFM e comercializados nas demais localidades do território nacional com a edição dos Decretos-Leis Nº 1435/75 e 1455/76; foram estabelecidos, ainda, limites máximos globais anuais de importação (contingenciamento); cresce a indústria de montagem em Manaus, também contribuindo com o fomento de uma indústria nacional de componentes e insumo. Em 1990, a indústria de Manaus registrou um dos seus melhores desempenhos, com a geração de 80 mil empregos diretos e faturamento de US$ 8,4 bilhões; o comércio permanece como vetor dinâmico; os incentivos do modelo ZFM são estendidos para a Amazônia Ocidental; é criada a primeira das sete Áreas de Livre Comércio (ALC's), em Tabatinga, Amazonas, conforme a Lei nº 7.965/89; É prorrogado, pela primeira vez, o prazo de vigência do modelo ZFM, de 1997 para 2007, por meio do Decreto nº 92.560, de 16 de abril de 1986. Em 1998, por meio do Artigo 40 do Ato das Disposições Transitórias da Constituição Federal, o prazo foi prorrogado para até 2013.

Com as novas medidas a SUFRAMA passou a operar com a gestão dos incentivos e o controle de projetos industriais e expandiu suas ações para os estados da Amazônia Ocidental, com a implantação de unidades descentralizadas e ALC's.

As indústrias beneficiadas com os incentivos fiscais da Zona Franca de Manaus até 1975 importavam componentes principalmente do Japão, o Decreto –Lei nº 1435, obrigou as unidades fabris da ZFM a cumprir índice mínimos de nacionalização e a importar, somente, peças e componentes não produzidos no Brasil. Quem nacionalizar mais, importando menos e gerando mais empregos, pagaria menos Imposto de Importação. Quem não atingisse o índice mínimo de nacionalização estabelecido não seria beneficiado com a redução do Imposto de Importação.

Através de resoluções do CAS foram estabelecidos pelas indústrias do setor eletroeletrônicos já instaladas em Manaus; para as indústrias de relógios (mecânicos, eletrônicos e de quartzo) e condicionadores de ar; e para o setor de motociclos e ciclomotores.

As importações foram contingenciadas em 1976, a partir dessa medida foram fixadas cotas globais de importação. O contingenciamento durou 15 anos, só foi extinguida com a política de livre mercado adotada pelo Governo brasileiro a partir do início dos anos 90.

Em 7 de abril de 1976, o Decreto – Lei nº 1.455, que dispôs sobre a bagagem de passageiros procedente do exterior, disciplinou o regime de entreposto aduaneiro e estabeleceu normas sobre mercadorias estrangeiras apreendidas – também gerou interferências sobre a Zona Franca de Manaus. O art.37 do Decreto –Lei nº 14.55 vedou a internação de mercadorias estrangeiras no território nacional, excetuando as que saíssem da Zona Franca de Manaus, na bagagem.

No mês seguinte, o Decreto nº77.657 fixou o valor global das importações para 1976. Entre 1976 a 1991 foram baixados, ano a ano, sucessivos decretos federais limitando os valores globais de importações da ZFM.

Durante esse período o Conselho de Administração da Suframa baixou resoluções definindo os critérios para distribuição do valor contingenciado para cada exercício e fixando as quotas anuais de importação, por setor e por empresa estabelecida na ZFM.

Nesse período de escassez de divisa, a Suframa reformulou a política de administração de incentivos fiscais e reforçou o seu poder institucional, obrigando as empresas incentivadas a cumprirem um elenco de medidas essenciais para o enraizamento do parque industrial local. Além de restringir as importações e de promover a nacionalização compulsória da produção industrial, a Suframa incluiu as seguintes condicionantes entre os critérios de distribuição de quotas de importação para as empresas incentivadas: a)elevação progressiva do número de empregos; b) instalação das matrizes das empresas em Manaus; c) participação majoritária de brasileiros na formação de capital; d)participação de empresários locais na composição do capital, quando se tratasse de empreendimento de elevada rentabilidade e de baixos investimentos; e) realização de novos investimentos na Amazônia Ocidental; f) comprovação do domicílio civil e fiscal dos diretores das empresas na Amazônia Ocidental; e construção de instalações definitivas no Distrito Industrial.

O Conselho de Administração da Suframa estabeleceu normas para aprovação, acompanhamento e localização de empreendimentos industriais incentivados e cancelou as resoluções de aprovação de projetos industriais de empresas que não haviam cumprido o cronograma de implantação e não tinham condições de seguir as novas diretrizes de política industrial da ZFM.

É considerada também uma nova fase da ZFM pelo esforço exportador do PIM. Nesse processo de nacionalização ocorrido em 1976, a política industrial brasileira traçou um novo perfil para o parque industrial de Manaus, cuja produção apoiava-se, até então, no binômio importação de insumos do mercado externo – reexportação de bens finais para o mercado nacional. As compras de insumos estrangeiros foram limitadas aos bens sem similar nacional e indispensáveis ao processo produtivo.

Embora a legislação básica da Zona Franca de Manaus não houvesse criado incentivos para a exportação da produção industrial, a aprovação de novos projetos dependentes da importação de insumos passou a ser feita mediante um esforço de exportação que permitisse, pelo menos, um balanço comercial equilibrado.

A política nacional passou a estimular as exportações, através do Decreto nº81.189, de 5 de janeiro de 1978, que definiu limite global de importações para a ZFM, concedeu quotas adicionais de 30% as empresas instaladas na ZFM, que apresentassem saldo líquido no ingresso de divisas, resultante das comparações entre importações e exportações.

A resolução nº019, de 28 de dezembro de 1978, baixada pelo Conselho de Administração da Suframa, definiu regras para concessão desses incentivos e mandou que as empresas interessadas apresentassem seus programas especiais de exportação à Suframa, em modelos próprios.

Cabendo à Suframa analisar a compatibilidade entre os programas de exportações projetados, a capacidade da empresa e as possibilidades do mercado externo. As importações definidas nos programas de exportação aprovados teriam que ser previamente autorizadas pela Suframa, obedecendo à mesma sistemática vigente para as importações contingenciadas. Os incentivos dos programas especiais de exportação aprovados somente eram concedidos depois de comprovada a realização das exportações respectivas.

A Suframa que foi criada como central da política de administração da ZFM e, em particular, da política industrial, constituída para três atribuições principais , dentre elas a de promover e divulgar estudos sobre a potencialidade da ZFM, nesse período de nacionalização obrigatória de produção industrial da ZFM (1976) teve ampliada sua articulação com órgão técnicos de outros setores governamentais, os quais realizaram estudos e pesquisas e prestaram serviços de assessoria, visando à implantação da política de substituição de importações.

Dois estudos mereceram destaque pela importância para a política industrial de substituição de importação. O grupo executivo Interministerial de Componentes (Geicom), vinculado ao Ministério das Comunicações, realizou estudos de similaridade, analisou projetos técnicos de componentes eletrônicos e avaliou a capacidade do parque nacional de bens intermediários em atender à demanda gerada pelas indústrias terminais da Zona Franca de Manaus. O Centro Técnico Aeroespacial do Ministério da Aeronáutica (CTA) desenvolveu pesquisas que fundamentaram as propostas de fixação e acompanhamento de índices mínimos de nacionalização; prestou assessoramento nas áreas de eletroeletrônica, mecânica e metalurgia; realizou estudos que indicaram os segmentos de eletroeletrônica de entretenimento, relojoaria, ótica, motocicletas, motociclos e bicicletas como formadores de pólos industriais na Zona Franca de Manaus.

Nessa época era defendida a institucionalização desses polos industriais com base nos argumentos de que a institucionalização legal dos polos industriais desses segmentos já existentes na ZFM, por propiciar, entre outras, as seguintes vantagens:a)Viabilizar a regionalização da produção industrial, fabricando partes e peças que o Brasil ainda não produzia (e necessariamente importava para atender à demanda gerada pelas indústrias já instaladas), ampliando o valor adicionado na Zona Franca e harmonizando os interesses industriais desta região com os das demais regiões do país; b)Produzir economias de escala necessárias à verticalização do parque industrial local; e consolidar as especializações já existentes na Zona Franca e promover maior agregação de valor à economia local. Por meio da fixação e da acumulação de capitais, da expansão da base tecnológica, da ampliação do número de empregos e do desenvolvimento de recursos humanos.

Em dezembro de 1978 a Zona Franca de Manaus concentrava a maior parte da produção nacional de motocicleta e registrava grande incidência de projetos de indústrias do subsetor ótico. Era necessário obter a instituição legal dos pólos industriais já instalados de fato, particularmente o de eletroeletrônica de entretenimento (incluindo calculadora eletrônicas); e do polo relojoeiro, por se tratar de segmento ainda não radicado no país, e necessário ao desenvolvimento industrial nacional. O mercado brasileiro de relógios, estimado em oito milhões de peças anuais, no valor de U$$ 80 milhões, era atendido quase totalmente pela via das importações.

Entre 1979 e 1983 a Suframa buscou assumir a efetiva posição de Agência Oficial de Desenvolvimento Regional, para tanto definiu estratégias para alcançar dois objetivos intercomplementares, em articulação como outros órgãos federais, com os governos dos Estados, Territórios Federais e Municípios da região e com o empresariado local: a consolidação do núcleo central da Zona Franca, implantado em Manaus, e o fortalecimento da estrutura econômica –social no interior do Amazonas e nos flancos da Amazônia Ocidental.

Nesse período elaborou o plano diretor do projeto da área de expansão do Distrito Industrial (5.757 hectares), implementando as obras de infra-estrutura dos primeiros 1000 hectares; e implantou o Consórcio do Distrito industrial de Manaus (Condim), uma espécie de condomínio para assumir os encargos de administração e de manutenção da grande área do empreendimento.

A Desenvolveu intensa articulação com as classes empresariais, estimulando a criação da Associação dos Exportadores da Zona Franca de Manaus e do Centro das Indústrias do Amazonas (Ciem), com a finalidade de, no primeiro caso, gerar mecanismo de apoio ao incremento das exportações das indústrias locais; e no segundo, respaldar a implementação de ações estratégicas das empresas do polo industrial de Manaus – missão que não poderia ser absorvida pela Fieam (Federação das indústrias do Estado do Amazonas) por se tratar de entidade sindical de grau superior. Instituiu o Fundo Comunitário das Indústrias da Zona Franca de Manaus (Funcomiz) , formado por 67 empresas incentivadas, as quais repassavam parte de seus lucros à execução de programas e projetos específicos de educação, saúde e assistência ao menor. Os recursos do Funcomiz viabilizaram a construção, reforma e equipamento de escolas e hospitais (bens de capital, exclusivamente), citando-se como exemplo a construção das unidades de internação e de radioterapia do Centro de Controle de Oncologia, em Manaus.

A Suframa destinou recursos financeiros para a criação dos distritos industriais do Estado do Acre e do Território Federal de Roraima e para a construção dos campi universitários da Universidade do Amazonas, em Manaus, da Universidade Federal do Acre, em Rio Branco, e do Projeto Rondon, nos municípios amazonenses de Benjamin Constant e São Gabriel da Cachoeira. Promoveu a recuperação das instalações físicas do Hospital Universitário Getúlio Vargas, em Manaus, adaptando-se às funções de centro de treinamento de docentes da Universidade do Amazonas, área biomédica. Financiou a implementação de um elenco de obras de infra-estrutura na Amazônia Ocidental. Repassou recursos financeiros ao Inpa e à Universidade do Amazonas, destinados à realização de cursos de pós-graduação e ao desenvolvimento de projetos de pesquisa aplicada ao aproveitamento econômico de potencialidades regionais.

Até 1983, a Suframa havia aprovado 266 projetos industriais (218 já estavam implantados) distribuídos em 21 setores, com investimentos fixos no valor de U$$ 5 bilhões e a geração de 51,6 mil empregos diretos.

Até 1990 a ZFM de Manaus passou por profunda transformação econômica da primeira fase de importação de produto acabado, que foi de 1967 a 1976, a fase de montagem dos produtos em Manaus a partir de 1976, com a importação das peças e partes, até a fase de verticalização da produção, com a produção local de peças e partes de grande parte da produção, que além de permitir significativa ampliação do mercado local, deram origem a um parque industrial de bens de consumo durável relativamente diversificado.

1991 a 1996

Na terceira fase o modelo da ZFM até então tinha proteção aduaneira tarifárias e não tarifárias à produção industrial, a semelhança do observado para o país como todo.

No caso das barreiras não tarifárias, oferecia proteção praticamente absoluta (como por exemplo a proibição do chamado anexo C da CACEX). E a proteção tarifárias, mantinha elevada as alíquotas do II, com isso possibilita que os produtos nacionais fossem colocados no mercado interno a preço bem superiores aos do mercado internacional. Esse mecanismo funcionava como proteção ao desenvolvimento da produção nacional diante da estrangeira. Com a abertura econômica através da Política Industrial e de Comércio Exterior (PICE), que por intermédio da portaria nº56 do MEFP, e outras medidas subsequentes eliminou as barreiras não tarifárias, reduzindo as alíquotas ad-valorem do II sobre vários produtos ainda não produzidos internamente e introduziu de redução adicionais para o período de 1991/94, e posteriormente antecipando sua finalização para 1993, essas medidas impactaram sobre a Indústria da ZFM.

Essa terceira fase da ZFM foi um período que o modelo perdeu as suas vantagens comparativas, reduzindo consideravelmente o seu comércio, devido à queda do imposto de importação, além da extinção dos limites máximos globais anuais, extinguindo as cotas de importação em vigor desde 1976.

À nova política industrial de referência do país, a filosofia era atribuir maior papel as forças do mercado na alocação dos recursos, o que na prática significou a liberação progressiva as importações; eliminação dos limites máximos globais anuais de importação, por meio do Decreto nº 205, de 5 de setembro de 1991 – suspendeu a fixação de limites máximos globais anuais, extinguindo as quotas de importação que vigoravam desde 1976; a Lei nº8.248, de 23 de outubro de 1991 – dispôs sobre a capacitação e a competitividade do setor de informática e automação no país, concedendo (art.4º) renúncia fiscal à produção de bens e serviços de informática em qualquer ponto do território nacional; e instituiu um redutor de 88% do Imposto de Importação para a ZFM, com projeto aprovado até 31 de março de 1991, excluindo, porém, dessa redução, os bens de informática, automóveis outros produtos (Lei nº 8.397, art.10 e seus §§); com a edição da Lei 8.387 de 30 de dezembro de 1991; adoção do Processo Produtivo Básico (PPB), em substituição ao Índice Mínimo de Nacionalização; a Lei 8.387/91 também estabeleceu que as indústrias de produção de bens e serviços de informática, para fazer jus aos incentivos do modelo ZFM, devem aplicar, anualmente, no mínimo 5% do seu faturamento bruto em atividades de pesquisa e desenvolvimento a serem realizadas na Amazônia; Por meio do Decreto nº 783 de 25 de março de 1993, fixou o Processo Produtivo Básico (PPB), para os produtos industrializados na Zona Franca de Manaus, em substituição ao Índice Mínimo de Nacionalização.

Com a substituição do índice mínimo de nacionalização pelo processo produtivo básico, redução dos incentivos fiscais ao investimento e maior automaticidade na concessão dos incentivos remanescentes, as empresas tiveram que se adaptar. Ocorreu a reestruturação do parque fabril. As empresas industriais voltaram a ter livre acesso a fontes estrangeiras de suprimento de insumos e a novas tecnologias de processo.

Das empresas de bens e serviços de informática da região foi exigido investimento no mínimo de 5% do seu faturamento bruto em pesquisa e desenvolvimento, a serem realizadas na Amazônia.

Seguindo o Programa Brasileiro da Qualidade e Produtividade, as indústrias também foram obrigadas a implantar normas técnicas de qualidade, conforme padrões de entidades credenciadas pelo Instituto nacional de Metrologia, Normalização e Qualidade Industrial (INMETRO); as empresas do Polo Industrial de Manaus deram início a um amplo processo de modernização industrial, com ênfase na automação, qualidade e produtividade.

No início o impacto das medidas de reconversão industrial em ambiente de recessão econômica gerou, como seria natural, efeitos imediatos bastante desfavoráveis para a Zona Franca de Manaus. O parque industrial, que em 1990 registrou significativa expansão (U$$ 8,4 bilhões de faturamento bruto, 76798 empregos diretos, U$$ 827,80 milhões em salários e encargos sociais), experimentou queda vertiginosa nos anos seguintes. Em 1991 o faturamento bruto reduziu-se a U$$ 5,9 bilhões; o número de empregos diretos, 58.875; a massa de salários e encargos sociais, a U$$ 556 milhões. Os números decresceram mais em 1992: U$$ 4,5 bilhões de faturamento bruto; 40.361 empregos diretos; U$$ 364,11 milhões de salários e encargos. Em 1992 registrou-se também acentuada queda dos níveis de produção de grande número de bens fabricados na Zona Franca de Manaus.

Algumas indústrias dos segmentos de ótica e de relógios tiveram grande dificuldade de suportar o impacto causado pela concorrência dos similares importados e contabilizaram enormes prejuízos. Em função da nova política industrial e de comércio exterior, determinados produtos da indústria eletroeletrônica (toca- fitas, rádios, rádio – relógios) perderam a competitividade. Em ambas situações, registrou-se o fechamento de linhas de produção e até de empresas.

Entre 1990 a 1993, a queda da arrecadação de ICMS foi de 45%. Esta queda não foi causada somente pela crise no comércio de importados, mas também por outros setores que passaram a sentir os efeitos da crise. Caiu a ocupação nos hotéis, agência bancárias foram fechadas, como o Citibank, o Chase Manhattan, o Banco do Nordeste, o Banco de Roraima e o Banco do Acre. Atingindo duramente a construção civil e os empregos no setor de serviços, ligados diretamente à atividade industrial, como por exemplo, transporte de funcionários, segurança, conservação, consultorias e outros, tiveram uma redução de aproximadamente 1/3 em relação a maio de 1990.

O Parque industrial reagiu, porém, rapidamente às mudanças e superou os novos desafios. As empresas do setor ampliaram seus investimentos em modernização industrial, com racionalização e automação. Os investimentos industriais em ativo fixo, que em 1990 totalizaram U$$ 10,04 bilhões, subiram para U$$ 29,46 bilhões em 1995, registrando um incremento de mais de 190% em cinco anos.

Além do esforço por parte da indústria eliminando desperdícios, investindo em novas técnicas de gestão e qualificação de mão de obra, incorporando novas tecnologias de processo, teve também os ajustes feitos no modelo pelo governo federal, como a intervenção por meio da Lei nº8.387 de 30 de dezembro de 1991, que reduziu o imposto de importação relativo às matérias – primas, produtos intermediários, produtos secundários, de embalagens, componentes e outros insumos necessários à produção das empresas de Manaus.

Além disso, as medidas adotadas como supressão das quotas anuais de importação, substituição do critério dos Índices Mínimos de Nacionalização pela prática de processo Produtivo Básico –PPB que permitiu importações de insumos para os produtos fabricados na ZFM.

Outra medida que buscou incentivar o comércio e a indústria local, como suporte para reduzir custo de produção e de armazenagem, foi a criação do entreposto Internacional da Zona Franca e Manaus – Eizof, que corresponde a um regime aduaneiro especial e permite o depósito de mercadorias importadas do exterior, assim como as produzidas em Manaus, com a suspensão de pagamentos de tributos. Segundo informações da Suframa (2005), EIZOF foi criado em 1992 e funcionou até o ano de 2000 no Porto de Manaus, quando foi incorporado à Estação Aduaneira do Interior (EADI). O projeto arquitetônico original prevê uma área de 300 mil metros, localizados no Distrito Industrial.

Com o entreposto pretendia-se ampliar a comercialização de produtos com países da América Latina, especialmente com a Bolívia, Venezuela, Caribe, Peru, Colômbia, além de facilitar aos comerciantes de outras partes do Brasil com dificuldades de acesso ao mercado internacional. Para a indústria, o objetivo era possibilitar a redução dos custos de produção, possibilitando que os fornecedores estrangeiros de componentes utilizassem o espaço sem pagamento de tributo, reduzindo o custo de armazenagem.

Refletiu em faturamento recorde para aquela década, da ordem de US$ 13,2 bilhões; e foi criada a Área de Livre Comércio de Macapá-Santana, no Amapá, únicos municípios da Amazônia Oriental que integram a área de jurisdição da SUFRAMA.

Entre 1989 e 1994 foram criadas sete Áreas de Livre Comércio (Alcs) na Amazônia brasileira, com a finalidade de impulsionar o crescimento econômico-social e defender a soberania nacional nas áreas de fronteira do Brasil, delimitadas na Amazônia. Os benefícios concedidos às ALCs são semelhantes aos vigentes na Zona Franca de Manaus, com restrições, porém, quanto aos incentivos à industrialização. A suspensão do Imposto sobre Produtos Industrializados e do Imposto de Importação somente é concedida na entrada de produtos destinados:

•   pescado, recursos minerais e matérias-primas de origem agrícola ou florestal;

•   à industrialização de produtos contemplados em projetos aprovados pela Suframa, considerando a vocação local e a capacidade de produção já instalada na região.

A SUFRAMA, nesta fase, adotou o planejamento corporativo orientativo e passou a atuar na gestão dos Processos Produtivos Básicos (PPBs), na atração e promoção de investimentos e no desenvolvimento de ações capazes de irradiar os efeitos positivos do Pólo Industrial de Manaus, com a intensificação dos investimentos em toda sua área de jurisdição. A Autarquia torna-se braço político federal na região.

Na quarta fase, que compreende o período de 1996 a 2002, correspondem aos dois governos do Fernando Henrique Cardoso (1995 a 1998 e 1999 a 2002) foi considerada uma fase de adaptação a economia globalizada e aos ajustes do plano real. Período marcado pela política de privatizações, desregulamentação financeira, abertura comercial e ajuste fiscal.

A partir de 1996, ocorre a mudança com política nacional de informática e de inclusão digital

A inclusão da função exportação como política intencional, com objetivo de estimular as vendas externas do Polo Industrial de Manaus faz parte da principal característica da quarta fazer do modelo. O déficit comercial das empresas da ZFM sempre se constituiu num problema a ser superado, pois o modelo foi baseado em incentivos fiscais que permitiam a produção de bens manufaturados com a matéria – prima procedente do exterior, no entanto a partir de 1991 com a abertura econômica o déficit comercial passou do patamar de –U$$557.619 (1992) para – U$$ 2.721.498 (1995). Os primeiros efeitos das medidas resultaram num aumento considerável da importações, em 1993, 1994 e 1995 o aumento das importações foram de 89,67 % (U$$1,275.980), 44,32% (1.841.543) e 53,3% (U$$ 2.823.262), respectivamente, aumentando o déficit, já que as exportações não aumentaram na mesma proporção, e se encontravam em valores muito baixos: em 1993 as exportações que de U$$ 97,273, caíram em 15,51% em relação ao ano de 1992 (exportações de U$$ 97,273), voltando a crescer em 17,78% em 1994 (exportações de U$$114.571), porém decrescendo em 1995 em 11,18% (valor das exportações de R$ 101.764). O déficit comercial do PIM neste três anos foi de 111,83% (1993), 46,5% (1994) e de 13,23% (1995).

Os ajustes implementados nos anos 1990, as medidas de reconversão visando garantir a permanência da ZFM tornaram os produtos da ZFM mais competitivos e em condições de concorrer como os produtos importados, e também gerou a necessidade de se ampliar a política comercial de forma a aumentar as exportações dos produtos do PIM, principalmente, para os países vizinhos, possibilitando a redução do déficit comercial do PIM.

O resultado mais expressivo decorrente da reestruturação efetiva ocorrida no PIM, foi o seu faturamento recorde em 1996 de U$$ 13, 2 milhões. Entre 1994 a 1996, o polo industrial da ZFM conseguiu manter recordes de vendas, no entanto em 1998, o faturamento sofreu queda da ordem de 12% em relação ao ano anterior.

O período também é considerado de modernização da SUFRAMA a partir da revisão do Planejamento Estratégico, definindo a autarquia como agência promotora de investimentos na Amazônia Ocidental a do o implemento de ações com a finalidade de atrair investidores, como a participação em eventos de negócios no País e no exterior, e a reconstrução, ampliação e modernização da sede da Suframa, consumida por um incêndio em maio de 1994.

Dentre as ações implementadas para atender esses objetivos temos como destaque a viabilização da participação da Autarquia e das empresas da ZFM nos eventos do Programa Nacional de Promoção Comercial, com o convênio realizado com o Ministério do Comércio Exterior; o estabelecimento de novos critérios para aplicação de recursos da autarquia na Amazônia Ocidental, priorizando os projetos de pesquisa, ensino e extensão, estudos, promoção das exportações e infra-estrutura, com vistas a interiorização do desenvolvimento; a realização de Estudos das Potencialidades Econômicas da Região, através da Fundação Getúlio Vargas (FGV) para suporte aos projetos econômicos na Amazônia Ocidental; a criação do Centro de Biotecnologia da Amazônia em parceria com o Ministério do Meio Ambiente, Recursos Hídricos e da Amazônia Legal e Ministério da Ciência e Tecnologia; a criação do Programa de Exportação da Amazônia Ocidental - Pexpam;

O PEXPAM – Programa Especial de Exportação da Amazônia Ocidental – que corresponde a uma série de incentivos fiscais a importações de insumos utilizados para produzir bens destinados exclusivamente ao mercado internacional, sem a necessidade de cumprir o processo produtivo básico, com a finalidade também de reduzir o déficit comercial do PIM. O Programa foi reformulado através da Resolução n° 002, de 19 de fevereiro de 1998, substituindo o antigo PROEX.

O programa ajudou a reduzir o déficit da balança comercial com o aumento considerável das exportações, crescendo 52% em 1998 em relação ao ano anterior, e em 2000, que teve um salto de 97%, enquanto as importações cresceram 41%.

Resumindo, em 1996, o modelo de incentivos fiscais administrado pela Suframa estava balizado por duas linhas convergentes: a consolidação e competitividade estrutural do parque industrial da Zona Franca de Manaus e a criação de alternativas de desenvolvimento para a Amazônia Ocidental (turismo ecológico, alimentos, fármacos, cosméticos), em parceria com outros órgãos governamentais, instituições de ensino e pesquisa, agências de financiamento e empresas privadas.

Com o esgotamento das ALC's como instrumentos de interiorização do modelo ZFM. Nos moldes em que foram criadas, com incentivos para importação, perderam relevância com a abertura da economia do país. Visando a criação de alternativas de desenvolvimento no interior para a Amazônia Ocidental foram estabelecidos novos critérios para repasse de recursos financeiros da SUFRAMA para promoção do desenvolvimento regional, por meio da Resolução n° 052, de 01 de agosto de 1997, tornando a distribuição mais equânime.

Com o estabelecimento de novos critérios para repasse financeiros da Suframa, através da resolução n°052, de 01 de agosto de 1997, foi criado o Programa de Interiorização do Desenvolvimento da Amazônia – AMOC, criado para apoiar a interiorização do desenvolvimento econômico e social da Amazônia Ocidental, para atender projetos de desenvolvimento regional voltados, em sua essência, para projetos de investimentos em infraestrutura, capacitação técnico-cientifica ou empreendimentos produtivos, destinados a promover o desenvolvimento local, tendo como parceiros entes de direito público (Estados, Municípios e Instituições de Ensino e Pesquisa). Os recursos para atender esse programa advinham da Taxa de Serviço da Suframa- TSA.

Os resultados econômico-sociais do modelo Zona Franca de Manaus eram bastante significativos. Entre 1970 a 1996, o IDH (Índice de Desenvolvimento Humano) do Amazonas cresceu 82,38%, ficando bem acima das taxas alcançadas por são Paulo (22,25%) e pelo Brasil (68,02%), no mesmo período. Fortemente influenciada pelos efeitos do Polo Industrial de Manaus, a taxa de crescimento da região Norte (70,66%) era muito superior à da região Sudeste (38,23%).

Como ações de longo prazo para fortalecer a ZFM foram previstas no PPA 2000-2003, em estrita consonância com a Política e Diretrizes do Governo Federal, os programas para fortalecer o PIM:

- construção do Centro de Biotecnologia da Amazônia/PROBEM - passos iniciais para a implantação de um Pólo da Bioindústria, priorizando ações nas áreas de fitoterápicos, cosméticos, extratos e outros setores em ampla evolução; e
- incremento das exportações com vista ao alcance do equilíbrio da balança comercial; atração de fornecedores; apoio ao desenvolvimento tecnológico e à inovação e a formação do capital intelectual da região
- Estabelecimento de diretrizes e ações para desenvolvimento de um sistema de C&T&I e formação do capital intelectual local.

Principais objetivos do Probem:

Criar o Centro de Biotecnologia da Amazônia (CBA), no Distrito Industrial, em Manaus, com cinco laboratórios especializados, dotados de equipamentos de última geração, e um laboratório de ensaios e testes no Instituto Butantan, em São Paulo, vinculados a uma rede nacional associada de laboratórios, todos voltados para pesquisas e aplicações no campo da biologia molecular, garantindo, a um só tempo, o aproveitamento econômico e a conservação da biodiversidade amazônica.

Na busca de ampliação da competitividade tecnológica das indústrias de Manaus, nessa época foram idealizados a criação do Centro de Ciência, Tecnologia e Inovação do Pólo Industrial de Manaus (CT-PIM) e Iniciativas para criação de um pólo de bioindústrias na Amazônia que culminou com a implantação do Centro de Biotecnologia da Amazônia, inaugurado em 2002.

O CT- PIM tinha como objetivo geral identificar os principais gargalos e definir propostas viáveis para atender as demandas tecnológicas, que deverão resultar na instalação de um parque tecnológico de microssistemas no Pólo Industrial de Manaus, além de servir como suporte para o desenvolvimento da agroindústria e bioindústria na Região Amazônica.

Dentro dos seus objetivos específicos tinha como motivação ampliar a competitividade das empresas do PIM e reduzir o déficit de comércio exterior, avaliar a oportunidade de fabricação de componentes locais e estimular a formação de uma massa crítica de profissionais de ciência e informação, estimular o desenvolvimento tecnológico, econômico, ambiental e social da região.

A UGE inicia suas atividades tendo como parceiros o International Institute for Management Development e o Centro de Gestão e Estudos Estratégicos do Ministério do Desenvolvimento, Indústria e Comércio Exterior. Foi inaugurado em 2003.

A quinta fase compreende o período de 2003 a 2016, essa fase compreende os dois mandatos do presidente Lula, de 2003 a 2006 e de 2007 a 2010; e o primeiro mandato da presidente Dilma Rousseff, de 2011 a 2014.

Esse novo cenário foi considerado a retomada da política Industrial no Brasil, proposto inicialmente no Plano Plurianual de Aplicações (PPA) 2004-2007, ampliado pela Política Industrial, Tecnológica e de Comércio Exterior (PITCE) e pela tentativa de estabelecer parcerias público-privadas, em 2003, depois pelo Programa de Aceleração do Crescimento (PAC) -2007-2010 e pela política de Desenvolvimento Produtivo (PDP).

Extrai-se do período que a visão predominante a partir da instituição da PITCE é que a política industrial deve ser compreendida como uma política de promoção da eficiência produtiva e da competitividade, encontrando-se também intimamente interligada às políticas de desenvolvimento regional. Conforme trecho extraído da Pitce (BRASIL, 2003, p.2-3):

A Política Industrial, Tecnológica e de Comércio Exterior-PITCE tem como objetivo o aumento da eficiência econômica e do desenvolvimento e difusão de tecnologias com maior potência de indução do nível de atividade e de competição no comércio internacional. Ela estará focada no aumento da eficiência da estrutura produtiva, aumento da capacidade de inovação das empresas brasileiras e expansão das exportações. Esta é a base para maior capacidade ou necessidade ou necessidade de desenvolver vantagens competitivas, abrindo caminhos para inserção nos setores mais dinâmicos dos fluxos de troca internacionais. A Política Industrial, Tecnológica e de Comércio Exterior não é uma iniciativa isolada. Ela faz parte de um conjunto de ações que compõem a estratégia de desenvolvimento apresentada no documento Orientação Estratégica de Governo: Crescimento Sustentável, Emprego e Inclusão Social. Essa política está articulada com os investimentos planejados para a infraestrutura e com os projetos de promoção do desenvolvimento regional.

Em 2003, o setor industrial brasileiro passara por um processo de desaceleração, com baixa taxa média anual de crescimento (1,7%) do setor industrial, de 1986 a 2002. Essa taxa foi bem inferior ao crescimento observado na década de 1970, que foi de, aproximadamente, 7,5% a.a., conforme o Instituto Brasileiro de Geografia e Estatística – IBGE (2010).

Segundo Coronel e col. (2011) (apud CASTILHOS, 2005), como forma de tentar aumentar a competitividade do setor industrial, o governo federal começou a montar, em 2003, as bases da Política Industrial, Tecnológica e de Comércio Exterior (PITCE) lançada em 2004. A PITCE focava em quatro eixos: (I) inovação e desenvolvimento tecnológico; (II) inserção externa; (III) modernização industrial e ambiente institucional e (IV) aumento da capacidade produtiva. As metas para o eixo inovação e desenvolvimento tecnológico objetivavam desenvolver a capacidade produtiva das empresas com o propósito de melhor inseri-las no mercado mundial. Além disso, visava-se dar diretrizes às parcerias públicas e privadas. Em relação à inserção externa, objetivava-se uma melhor inserção das indústrias brasileiras no comércio mundial, adequando-as às exigências dos principais mercados importadores. No que tange à modernização industrial, o destaque era a criação do Parque Industrial Nacional, com o objetivo de financiar a aquisição de novas máquinas e equipamentos nacionais. Por fim, no eixo ambiente institucional, o objetivo era melhorar a infraestrutura e reduzir tributos, sendo os setores-chave os semicondutores, softwares, bens de capital e fármacos

Segundo Coronel e col (2011, p.11, apud Toni, 2007) as principais diferenças da PITCE em relação a outras políticas industriais implantadas no país são a sinergia da política industrial com a de comércio exterior, foco na inovação e os marcos legais e regulatórios propostos. Segundo Castilhos (2005), no entanto, a PITCE apresentou vários problemas, desde sua formulação.

De acordo com Coronel e col (2011, p.12, apud Cano e Silva (2010) e Morais e Lima Júnior 2010) o grande mérito da PITCE foi reintroduzir na agenda de políticas públicas o tema da política industrial como instrumento importante para o desenvolvimento econômico e social. Além disso, merece destaque, como consequência dessa política, a criação de marcos legais como a Lei da Inovação e da Biossegurança e as bases para a criação da Política de Desenvolvimento Produtivo (PDP).

Os objetivos da PDP eram: ampliar a capacidade de oferta; preservar a robustez do balanço de pagamentos; elevar a capacidade de inovação; e fortalecer as micro e pequenas empresas. O alcance destes objetivos dependia da ampliação do investimento fixo de 17,6% do PIB em 2007 para 21% em 2010; do aumento dos investimentos em pesquisa e desenvolvimento para 0,65% do PIB; da ampliação da participação das exportações brasileiras nas exportações mundiais de 1,18% em 2007 para 1,25% no final de 2010; e da ampliação em 10% o número de micro e pequenas empresas exportadoras (BRASIL, 2010b).

A Política de Desenvolvimento Produtivo (PDP) em aprofundamento da Política Industrial Tecnológica e de Comércio Exterior (PITCE), que previa maior eficiência produtiva e capacidade de inovação das empresas e expansão das exportações. A PDP define macrometas para o país, até 2010, prevendo o aumento da formação bruta de capital fixo, maior dispêndio do setor privado em pesquisa e desenvolvimento (P&D), e ampliação das exportações brasileiras, em especial, das micro e pequenas empresas.

Em 2006 foi regulamentada, por meio de decreto presidencial, a nova Lei de Informática, que prorrogou de 2009 até 2019 incentivos fiscais para o setor em todo país. O Decreto 5.906, de 26 de setembro de 2006, regulamentou artigos da Lei n.º 11.077, de 30 de dezembro de 2004, da Lei n.º 8248, de 23 de outubro de 1991 (que dispõem sobre a capacitação e competitividade do setor de informática e automação) e da Lei n.º 10.176, de 11 de janeiro de 2001, (este último dispõe sobre a capacitação e competitividade do setor de tecnologias da informação).

Entra em operação, em 2007, o Sistema Brasileiro de TV Digital, padrão de transmissão digital baseado no sistema japonês ISDB-T (Serviço Integrado de Transmissão Digital Terrestre), que é apontado como o mais flexível entre os existentes, ao permitir mobilidade e portabilidade. Este novo cenário incrementa o processo de convergência digital no país.

Concentra-se nesta fase também a implementação estratégica do Processo Produtivo Básico (PPB) dos biocosméticos, estabelecendo as participações em valor agregado local e as quantidades mínimas de utilização de insumos regionais, por intermédio da Portaria Interministerial n.º 842, de 27 de dezembro de 2007.

Dentro desse contexto a análise técnica da Suframa extraiu como características da ZFM para essa quinta fase:

• O prazo de vigência do modelo foi prorrogado de 2013 para 2023, por meio da Emenda Constitucional n.º 42, de 19 de dezembro de 2003;

• A definição de Processos Produtivos Básicos (PPBs) para produtos fabricados no PIM é orientada pelo maior adensamento de cadeias produtivas nacionais, inclusive dos biocosméticos;

• Há um esforço para ampliar a inserção internacional do modelo, sobretudo por meio de missões comerciais, participação em acordos de comércio exterior e realização de eventos de promoção comercial, a exemplo da Feira Internacional da Amazônia;

• Permanece a busca pelo aumento das exportações e maior equilíbrio da balança comercial;

• Há um esforço das indústrias do PIM em fomentar o adensamento tecnológico do parque industrial, por meio de investimentos em institutos de pesquisa regionais, sobretudo advindos de recursos do percentual destinado à Pesquisa e Desenvolvimento (P&D), determinado pela Lei de Informática em vigor;

• Ampliam-se os investimentos da SUFRAMA em projetos de modernização produtiva e infra-estrutural nos municípios da sua área de atuação, envolvendo construção de aeroportos, estradas, estruturas turísticas, projetos pilotos de produção e capacitação de mão-de-obra;

• A Suframa, nessa fase, consolida o processo de revisão do seu planejamento estratégico, em que melhor configura o desempenho da sua função de agência de desenvolvimento regional. Ao mesmo tempo, incrementa projetos para o fortalecimento do PIM e de aproveitamento de potencialidades regionais, sobretudo por meio do Centro de Ciência, Tecnologia e Inovação do Pólo Industrial de Manaus (CT-PIM) e do Centro de Biotecnologia da Amazônia (CBA).

• A autarquia trabalha, ainda, no aprofundamento e aperfeiçoamento da função de fomento e fiscalização de projetos finalísticos (Industriais, Agropecuários, etc.); institucionalização da função de agência de desenvolvimento (execução de estudos, fomento a projetos-meio, infraestrutura, P&D etc.); na expansão e integração de atividades de prospecção tecnológica, inteligência comercial e de planejamento estratégico, e na expansão de atividades de estudos e pesquisas sobre políticas públicas e desenvolvimento socioeconômico na Amazônia Ocidental.

• Desenvolve ações para fortalecer o sistema regional de Ciência, Tecnologia e Inovação, por meio da aplicação de recursos em estruturas de ensino e P&D, formação de recursos humanos pós-graduado, e de acordos de cooperação técnico-científica com instituições nacionais e internacionais. Também apóia a cooperação e integração econômica da Pan-Amazônia.

• Período de intensa articulação para prorrogação dos incentivos da ZFM por mais 50 anos - em 5/08/2014, foi prorrogado os incentivos fiscais especiais do projeto Zona Franca de Manaus – ZFM até 2073, através da promulgação da Emenda Constitucional nº83/2014, que criou efetivamente o art.92-A no Ato das Disposições Constitucionais Transitórias (ADCT), da Constituição federal, acrescentando 50 anos ao prazo fixado no dispositivo, que previa a vigência dos benefícios somente até 2023.

Essa quinta fase pode ser dividida em dois subperíodos, de 2003 a 2010 – onde a Autarquia direcionou suas ações visando fortalecer o PIM e levar suas ações para interiorização do Desenvolvimento da Amazônia – AMOC, mediante a adoção de ações para alavancar novos segmentos industriais, como biocosmético e biotecnologia com duas ações estruturantes de programas multissetorial: sobretudo por meio do Centro de Ciência, Tecnologia e Inovação do Pólo Industrial de Manaus (CT-PIM) e do Centro de Biotecnologia da Amazônia (CBA); período também de atração de Investimentos e Inserção Internacional através da FIAM, divulgação dos produtos fabricados no Polo Industrial de Manaus e na Amazônia Ocidental e no Amapá, bem como ações de cooperação internacional mediante assinatura de termos de cooperação técnica, memorando de entendimentos, acordos e atividades de interesse da região. E o subperíodo de 2011 a 2015, período que começa um novo Planejamento Estratégico para a SUFRAMA, aprovado final de 2010, com mudança no foco das áreas estratégicas da Autarquia, e é um período no qual centrou os esforços da instituição nas áreas estratégicas de Desenvolvimento organizacional (manutenção da máquina administrativa); Gestão de Incentivos Fiscais (desenvolvimento de atividades de controle de mercadorias, análise e controle de projetos beneficiados com incentivos fiscais, ou seja, ações indispensáveis ao cumprimento do sua missão institucional.); e Prorrogação da ZFM até 2073.

Depreende-se pelas características apresentadas pela Suframa que nesse primeiro subperíodo, cuja a política industrial nacional era a PITCE, que no cenário local continuou os esforços para ampliar a inserção internacional do modelo ZFM, também houve por parte das indústrias do PIM e da Suframa a busca em fomentar e de aproveitamento de potencialidades regionais, com o adensamento tecnológico do parque industrial, por meio de investimentos em institutos de pesquisas regionais, sobretudo utilizando recursos do percentual destinado à pesquisa e desenvolvimento (P &D), determinado pela Lei de Informática em vigor, por meio do CT- PIM e CBA.

Em relação ao desempenho do PIM, em 2003 a taxa de adensamento da cadeia produtiva foi de 29,25%, houve queda significativa, comparando com o ano de 1998, quando a taxa de adensamento foi de 35%. (Relatório de Gestão – 2003, p.18).

Em 2004 foi elaborado o novo PPA do governo federal, para o período de 2004-2007, e o alinhamento dos Programas Administrados pela Suframa em relação ao Plano Estratégico do Governo Federal. Nesse PPA percebesse uma explícita declaração de política do governo federal para o modelo ZFM, focando no PIM e Interiorização do Desenvolvimento. A Suframa passa a administrar o Programa 0392 – Pólo Industrial de Manaus; 1020 – Interiorização do Desenvolvimento da Amazônia Ocidental (ambos sob a responsabilidade direta da SUFRAMA) e ainda a gerência da ação dentro da Política multissetorial da PITCE: 2092 – Desenvolvimento de Produtos e Processo no Centro de Biotecnologia da Amazônia – CBA (vinculado ao programa 0466 – Biotecnologia , de responsabilidade do Ministério da Ciência e Tecnologia – MCT): e o programa 0750 – Apoio Administrativo.

O Programa Polo Industrial de Manaus passa a ser composto por ações convergentes e sinérgicas, voltadas para o atendimento das demandas e a redução dos gargalos existentes, especialmente aqueles de ordem tecnológica e logística. As ações estabelecidas dentro do programa buscam atender necessidades como: atrair investidores; buscar a melhoria de infra-estrutura logística; equilibrar a balança comercial; explorar a biodiversidade visando a implementação de um polo de bioindústrias na região; aprimorar e promover o capital intelectual; adensar as cadeias produtivas; e desenvolver o Sistema de Ciência, Tecnologia e Inovação.

O indicador Análise dos indicadores de desempenho em relação ao programa do Polo Industrial de Manaus, demonstra que em relação ao adensamento da cadeia produtiva, esse Indicador atingiu o índice de 32,35 %, superando os 28% proposto como meta para o exercício de 2004. A série histórica de 2000 a 2004 mostra uma queda gradativa na aquisição de insumos estrangeiros e um crescimento gradativo na aquisição de insumos regionais, apontando para um crescimento desse indicador.

Dentre as ações estruturantes previstas no programa – Polo Industrial de Manaus, PPA -2004-2007, merecem destaque três projetos: a) apoio à Construção do novo porto no Distrito Industrial de Manaus; b) Expansão da Infraestrutura do Distrito Industrial de Manaus; e c) implantação do Parque Tecnológico do Polo Industrial de Manaus.

Em relação a ação 2035 – Análise e controle de Projetos Beneficiado com Incentivos Fiscais: em 2004 foram aprovados pelo CAS 246 projetos industriais (81 de implantação, 165 de ampliação/diversificação/atualização), e 168 projetos agropecuários (104 de implantação, 64 de atualização/regularização); realizados o acompanhamento de 467 projetos industriais e de serviços; realizada a II Feira Internacional d Amazônia – II FIEAM.

Em 2005 o indicadores do PIM comparando com 2004, continuaram crescendo: o faturamento do PIM, cresceu 36,38% passou de 13,905 bilhões para U$$ 18,964; a quantidade de emprego cresceu em 15%, ultrapassou a 100 mil; as exportações cresceram 85,22%, passou de U$$ 1,157 bilhões para U$$ 2,143; a nacionalização da produção passou de 50,54% para 51,56%, um bom resultado principalmente que em 2005 o dólar manteve-se em constante desvalorização, o que, teoricamente, propicia aumento de importações; a quantidade de projeto aprovada aumento 11,78%, passou de 246 em 2004 para 275 em 2005- considerando implantação, ampliação e modernização); a arrecadação total, incluindo a federal, estadual e municipal, cresceu 11,42%, passou de R$ 8,448 bilhões para R$ 9,413 bilhões. No entanto a produção indústria que em 2004 foi de 13% diminuiu para 12,1%, mas apesar do declínio, foi considerado normal e bom desempenho, comparando com a média nacional, que foi de apenas 3,1%, ou seja, o crescimento industrial do PIM foi quase quatro vezes maior que a média nacional.

O Polo Industrial de Manaus, que inicialmente tinha destaque os segmentos de eletroeletrônico, duas rodas e relojoeiro, passa a ter outros perfis, com destaque para os setores eletroeletrônico, com destaque para informática; duas rodas, químico e termoplásticos.

Apesar do bom desempenho dos indicadores do PIM demonstrado acima, quando analisamos as metas físicas e financeiras das ações estruturantes dos programas administrados pela Suframa: - Programa Polo Industrial de Manaus e Interiorização do Desenvolvimento da Amazônia; e das ações sob a sua responsabilidade, programas multissetoriais: Desenvolvimento de Produtos e Processos no Centro de Biotecnologia da Amazônia – CBA, vinculada ao programa Biotecnologia do Ministério da Ciência e Tecnologia e, Implementação de Centros de Distribuição e Logísticas no Exterior para apoio as empresa do PIM, vinculada ao programa de Promoção das Exportações do Ministério das Relações Exteriores, verificamos que projetos importantes como Implantação do Parque Tecnológico do Polo Industrial de Manaus , cuja a meta prevista para 2005, foi de 10%, não houve meta física realizada e a meta financeira realizada foi de 62% em relação a prevista.

Em 2005 a análise de desempenho da Suframa em relação a ação 2035 – análise e controle de Projetos Beneficiados com Incentivos Fiscais, os resultados alcançados pela Suframa são bons: Foram aprovados 275 projetos industriais (98 de implantação e 170 de ampliação/diversificação/atualização); aprovados 131 projetos agropecuários (82 de implantação, 49 de atualização/regularização); realizados 587 acompanhamento e avaliação de projeto industriais e de serviços e acompanhamento da implantação de 05 projetos agropecuários e acompanhamento e controle de 587 projetos agropecuários; publicação de 83 PPB's no Diário Oficial da União; Aprimoramento, sistematização e informação do Sistema de acompanhamento de projetos; emissão 329 Laudos de Operação (LO) e 466 Laudos de produção (LP); recebimento de analise 834 laudos técnicos de auditoria independente (LTAI); Emissão de 130 Relatórios de Auditorias de Projetos (RAP); Inclusão de 1011 insumos na lista padrão; 80 registros de Certificados da Qualidade e Emissão de 146 pareceres e 207 notas técnicas. (Relatório de Gestão , 2005, p.20) .

Em 2005, o Programa 1020 – Interiorização do Desenvolvimento da Amazônia Ocidental – que tem por objetivo contribuir para o desenvolvimento da Amazônia Ocidental, de Macapá e Santana no Amapá, e se justificando pelas próprias peculiaridades que a região apresenta desafios de ordem econômica, social e ambiental os quais requerem a adoção de políticas públicas adequadas àquela realidade, teve sua realização comprometida devido ao contingenciamento dos recursos da Suframa, aliado à liberação tardia no final de exercício de 2005, comprometeram a realização das principais ações do programa no exercício.

As ações Integrantes de Programas Multissetoriais de responsabilidade da Suframa: Desenvolvimento de Produtos e Processos de Biotecnologia da Amazônia – CBA (integrante do programa 0466 – BIOTECNOLOGIA/MCT); e a ação _ Desenvolvimento de Biotecnologia na Amazônia (integrante do programa 0466 – BIOTECNOLOGIA/MCT), com a finalidade de implementar a 2ª. Fase do CBA, os recursos para essas ações só foram liberados em dezembro de 2005, o que inviabilizou qualquer realização no exercício. Estabelecendo uma defasagem de em relação ao cronograma previsto

Abaixo as ações que não foram iniciadas, ou foram prejudicadas em função dos sucessivos contingenciamentos orçamentários/financeiros decorrentes da TSA:

• A ação: 0498 – Apoio a Construção do Novo Porto de Manaus – que como finalidade de melhorar a logística de embarque e desembarque dos produtos e insumos destinados ao Polo Industrial de Manaus, visando a redução de custo local; apoiar investimentos em infra-estrutura para atração de investimentos na região; e prover infra- estrutura logística para melhorar a performance das exportações, neste ano foram realizadas 08 (oito) reuniões articuladas no âmbito interno e externo da Suframa, com participação do Governo do Estado e Banco do Brasil, ANTT – Agência Nacional de Transportes Terrestres e Ministério dos Transportes, com o objetivo de buscar "parceria público-privada" (por força da Lei nº11.079, de 30/12/2004) para viabilizar a 1ª etapa do novo Porto de Manaus, no Distrito Industrial de Manaus.

• A ação: 3560 – Implantação do Complexo de Armazenagem e Comercialização de Mercadoria na ZFM, que tem como finalidade fortalecer as atividades econômicas do setor comercial, melhorar a competitividade das indústrias e dota o PIM de centro de logístico moderno e de baixo custo, que permita às empresas otimizar estoques e reduzir custos, incrementado o nível de negócios na região, além de funcionar como retro – porto, quando o novo porto estiver em operação. Em 2004 essa ação não obteve resultados. Além da questão do contingenciamento de recursos por parte do governo federal, houve o entendimento do corpo técnico da SUFRAMA de que o projeto deva ser repensado e reavaliado em alguns aspectos, ficando estabelecido, com a anuência da Superintendência, de que isto será feito por um grupo de trabalho no início do ano de 2005.

• Em realização a Manutenção do Distrito Industrial, embora tenha sido realizada as metas físicas prevista, as metas financeiras realizadas foram de 87%, em decorrência do contingenciamento dos recursos

• A Ação: 5080 – Implantação do Parque Tecnológico do Polo Industrial de Manaus, com a finalidade de apoiar a ampliação das competências científicas, tecnológicas e de inovação do Polo Industrial de Manaus, mediante gestão estratégica de programas e projetos estruturantes de Sistema de Ciência, Tecnologia e Inovação (S-C&T&I) capazes de responder às demandas dos setores industrial, (em especial os subsetores eletroeletrônico, informática e produção de veículos de duas rodas), agroindustrial e de biotecnologia. A ação compreende a implantação do parque tecnológico numa área de 500.000 m², reunindo as unidades do Centro Tecnológico do Pólo Industrial de Manaus (CT - PIM) e empresas incubadas e/ou já consolidadas tais como "design houses", mini-fábricas, empresas de base tecnológica para a formação de um arranjo produtivo local de microssistemas que atue de forma sinérgica com os vários segmentos do Pólo Industrial de Manaus e instituições de ensino da região e do resto do país.

Nos anos de 2006, 2007, 2008 a Suframa continuou atuando em consonância com a política do governo federal, na gestão dos programas: 0392 – Polo Industrial de Manaus, 1020 Interiorização do Desenvolvimento da Amazônia – AMOC e o 0750 – Apoio Administrativo; e com responsabilidade com as ações integrantes dos Programas Multissetorial 0466- Ciência, Tecnologia e Inovação para Política Industrial de Comércio Exterior – PITCE; e 0411 – Gestão das Políticas Industrial, de Comércio e de Serviço, todos esses programas estão balizadas com o Planejamento estratégico da Autarquia, aprovado em 2003, que definiu como áreas estratégicas: Tecnologia & Inovação; Atração de Investimentos; Inserção Internacional; Desenvolvimento Sustentável; Logística e Desenvolvimento Institucional.

Em 2006, relação aos Programas Gerenciados pela Suframa cabe destaque para inclusão no PAT da Ação OA33 – Apoio a Arranjos Produtivos Locais na Amazônia Ocidental, incluído no Programa Interiorização do Desenvolvimento da Amazônia-AMOC, com a finalidade de apoiar projetos de infraestrutura econômica e social que possibilitem atrair investidores para a Amazônia Ocidental e estimular projetos de desenvolvimento vinculados às potencialidades regionais identificadas nessa região. Projetos de desenvolvimento da pecuária leiteria e da piscicultura; tecnificação da cultura do café, da fruticultura, da cultura do cacau, e outras potencialidades a serem identificadas.

Em relação aos Programas Multissetorial 0466 – Ciência, Tecnologia e Inovação para Política Industrial de Comércio exterior – PITCE, cuja principal ação do programa de responsabilidade da SUFRAMA é a ação 2092 – Desenvolvimento de Produtos e Processos no CBA , o resultado , em 2007, era positivo: o CBA com estrutura de 171 colaboradores (entre bolsista e não bolsista) com 13 laboratórios dos 25 projetados funcionando, sendo um em início de operação (Laboratório de Microbiologia, Laboratório de Fermentação, Laboratório de Biologia Molecular, Laboratório de Espectroscopia, Laboratório de Ressonância Magnética Nuclear (RMN), Laboratório de Análises Físico-Químicas, Laboratório de Farmacodinâmica I e Estudos Moleculares, Laboratório de Experimentação Animal, Biotério de pouso temporário, Laboratório de Farmacodinâmica II e Segurança Farmacológica - operando em instalação provisória - Laboratório de Fotoquímica, Laboratório de Cultura de Tecidos vegetais I), além de 6 unidades de apoio técnico.

Apesar das dificuldades inerentes à indefinição da institucionalização definitiva do Centro pela não efetivação do processo de gestão, visando o fortalecimento das atividades do CBA, no quesito cooperação técnica, a SUFRAMA firmou os seguintes acordos:

Acordo firmado com a EMBRAPA, a Universidade do Amazonas – UFAM e parcerias com Universidade Federal do Pará/UFPA, Universidade de Mogi das Cruzes-UMC, Universidade Federal de São Paulo - UNIFESP, Conselho Nacional de Ciência, Tecnologia e Inovação Tecnológica CONCYTEC, (Instituto Nacional de Pesquisas da Amazônia INPA e a Empresa Brasileira de Pesquisa Agropecuária - EMBRAPA) possibilitando o desenvolvimento de produtos e processos bem como a prestação de serviços.

No que concerne ao desenvolvimento de produtos e processos o CBA vem desenvolvendo os seguintes programas: de Cosméticos, de Alimentos Funcionais, de Bioinseticidas e repelentes, de Biocombustível, de Plantas Ornamentais. Em continuidade ao objetivo de dotar o CBA de melhores condições para sua consolidação foi firmado convênio (aditivo) junto à Fundação Djalma Batista para a implementação da fase II. (Relatório de Gestão de 2007 , p. 93).

Em 2007 estavam em desenvolvimento pelo CBA dos projetos: os de Corantes naturais para o segmento de Cosméticos e Alimentar. Os valores correspondentes ao gasto realizado nesta ação têm contribuído para uma das etapas do processo de desenvolvimento desses 2 (dois) projetos. A meta física prevista para essa ação: 2 projetos. Realizada 2. Metas financeiras: prevista R$ 2.750.000,00, realizada R$ 4.616.039.

No entanto, o resultado da execução dessa ação, em 2007, não foi bom, devido a liberação de recurso para firmar convênios só ocorreu no final do exercício, permitindo somente celebrar três convênios. A meta física prevista 25 Operações Especiais, mas só foram celebrados 3 convênios, com previsão de execução para 2008. (Relatório de Gestão da Suframa, 2207, P 93).

Foram descentralizados recursos do Ministério da Ciência e Tecnologia - MCT, através de destaque, para ser utilizado na Implantação da 2ª Fase do Centro de Biotecnologia da Amazônia – CBA, na Ação 2092 - Desenvolvimento de Produtos e Processos.

Em 2007 a Suframa continuava com os recursos originados das Taxas de Serviços Administrativos contingenciados. Naquele ano os recursos foram liberados no exercício, mas não foram no prazo devido para cumprimento dos cronogramas previstos pelos projetos estratégicos e para a execução das atividades em andamento, resultando em atrasos na execução das metas físicas previstas para o exercício e decisões administrativas importantes ao cumprimento das obrigações da Autarquia. Apesar do contingenciamento no período 2003-2007 o volume de investimentos em projetos de Infraestrutura, apoio a Produção, Pesquisa e Desenvolvimento, Recursos Humanos e Eventos, correspondem à cifra total de R$ 414 Milhões de reais.

Em 2008, houve continuidade nas ações do programa do polo industrial e de interiorização e as dos programas multissetoriais (CT- PIM) de responsabilidade da Suframa, da mesmas forma dos anos anteriores, com comprometimento em suas metas físicas e financeiras, devido atrasos nas liberações dos recursos:

Em 2009, segundo relatório de gestão da Autarquia, a implantação do Parque Tecnológico do Polo Industrial de Manaus começa a obter resultados positivos:
•   No período foram planejados e aprovados os projetos dos Cursos de Especialização em Desenvolvimento de Sistemas Embarcados, Curso de Pós-Graduação "lato sensu" em Engenharia de Sistemas de TV Digital e IPTV, Curso de Doutorado Interinstitucional em Engenharia Elétrica com concentração em áreas de interesse para sistemas de TV Digital, Treinamento de Graduandos de Engenharia Elétrica e da Computação em Desenvolvimentos nas áreas de Sistemas Digitais e Treinamentos de Graduandos em Hardwares e Softwares. Foram planejados e implementados treinamentos nas áreas de TV Digital, Microcontroladores, de forma presencial e via WEB. O acompanhamento do Curso de Mestrado em Microsistemas, Circuito Analógico Integrado e Circuitos Digitais Integrados, demonstra que os alunos encontram-se na fase de conclusão dos experimentos, devendo obter a qualificação e elaborarem o trabalho de conclusão dos cursos nos próximos meses. Até o momento 2 (dois) alunos defenderam dissertação de mestrado, sendo que os demais estão em fase de elaboração da dissertação, com prazo de defesa no primeiro semestre do próximo ano. Houve

dificuldade de disponibilidade de equipamentos necessários à execução dos experimentos na Unicamp, o que acarretou atrasos. O CT-PIM elaborou diversos Planos de Utilização de Recursos (PUR) de projetos no âmbito dos Programas Prioritários aprovados pelo CAPDA de Microeletrônica e Microsistemas da Amazônia - PMMA, de Desenvolvimento de Software na Amazônia - AMAZONSOFT e de TV DIGITAL INTERATIVA, dos quais é o coordenador, que visam utilização de recursos financeiros de empresas beneficiárias da Lei de Informática (Lei n° 8.387, de 1991). Os referidos PUR encontram-se em análise.

• O Programa AMAZONSOFT tem apresentado resultados positivos com previsão de serem apresentadas durante a V FIAM (Feira Internacional da Amazônia - 25~28/11/09) várias soluções desenvolvidas pelas empresas incubadas. Essas empresas vêm participando efetivamente de treinamentos de empreendedorismo que resultam na evolução visível das mesmas, no fechamento de negócios voltados às empresas instaladas no PIM. A equipe de projetistas de circuitos digitais integrados da "DESIGN HOUSE" (DH) do CT-PIM está desenvolvendo um Soc (System on chip), com a integração da equipe e domínio do fluxo completo de um projeto.Quanto à equipe de projetistas de circuitos analógicos integrados os mesmos estão executando atividades independentes, devendo ser realizada a integração da equipe até o final do ano de 2009 para o planejamento de um circuito com um maior grau de complexidade, visando a integração da equipe e o estabelecimento do fluxo da DH. É observado que a oferta de recursos humanos capacitados e falta da cultura de utilização de projetos de circuito integrados por parte dos fabricantes nacionais, são dificultadores para a evolução mais rápida das DH instaladas. Foi dada continuidade à aquisição e instalação de novos equipamentos, para o Laboratório de Caracterização e Confiabilidade de Materiais do CT-PIM tendo sido realizado um seminário na área com a participação de especialistas da França, tendo como público alvo, alunos locais e fabricantes, visando a formação de massa crítica e a divulgação dos ensaios que o CT-PIM pode ofertar para o Pólo Industrial de Manaus (PIM). O evento propiciou que empresas instaladas no PIM conhecessem ensaios em materiais que até o momento não eram ofertados no mercado local, gerando altos custos com o envio de material para outros estados e até para outros países. O CT-PIM vem desenvolvendo "set top box" e televisor com receptor de Tv digital incorporado (Tv híbrida) no seu LABORATÓRIO DE TV. Um dos dificultadores para a evolução do sinal é a baixa velocidade de adesão da TV Digital pela população. Para a realização dos testes vem sendo usado o Lab. Montado para a transmissão de TV Digital em Manaus com o apoio intensivo da SUFRAMA, com o objetivo de disponibilizar o sinal digital para a região o mais rápido possível com o intuito de acompanhar sua evolução.

Em dezembro/2009 foram empenhados R$ 4.870.923,00, correspondentes a dois convênios, quais sejam: Convênio N° 065/2009, no valor de R$ 2.630.923,00, cujo objetivo é a Construção e Operacionalização da Unidade de Gestão Estratégica do Centro de Ciência, Tecnologia e Inovação do Polo Industrial de Manaus – CT-PIM, no Parque Tecnológico - 1ª ETAPA; Convênio N° 023/2009, no valor: R$ 2.240.000,00, para ações de Implementação e Gerenciamento de Projetos constantes do Plano de Negócios-Continuação

Em relação ao Programa 1020 – Interiorização do Desenvolvimento da Área de Atuação da Suframa, também gerenciado pela Suframa, houve liberação de recursos para a ação 0506 - Apoio a Projetos de Desenvolvimento na Amazônia Ocidental e Áreas de Livre Comércio de Macapá e Santana – AP.

Em 2009, nessa ação de Interiorização do Desenvolvimento da Amazônia não houve resultado no exercício. Os 49 convênios com Governos, prefeituras e Entidades dos Estados do Acre, Amazonas, Rondônia e Roraima, no montante de R$ 34.463.000,00 foram empenhados e deverão ser implementados em 2010. Divididos Acre 40,31% (R$ 13.895.000,00); Amazonas 29,59 (R$ 10.200.000,00); Rondônia 14,51% (R$ 5.000.000,00); Roraima 15,57% (R$ 5.368.000,00).

Ao contrário dos últimos três anos em que a arrecadação teve um crescimento elevado, em 2008 o crescimento foi de 35,35%, em 2009 houve uma queda na arrecadação da Taxa de Serviços Administrativos –TSA, instituída pela Lei 9.960, de 28.01.2000 de aproximadamente 25,31% na arrecadação em relação ao ano de 2008, como consequência da crise internacional que impôs medidas de retração econômica imposta às indústrias instaladas no PIM.

Em relação a queda da arrecadação é importante registrar, que frente às diversas necessidades de âmbito socioeconômicas, especialmente no período acentuada da crise financeira internacional, a SUFRAMA com aprovação do Conselho de Administração da SUFRAMA (CAS) realizou no período de 2008-2010 a desoneração de algumas atividades econômicas no intuito de impulsionar ou manter segmentos econômicos importantes, principalmente relacionados ao emprego e a renda do trabalhador. Além disso, a SUFRAMA com aprovação do CAS buscou harmonizar os diversos dispositivos implementados pelo Governo Federal no sentido de diminuir a carga tributária sobre a produção em determinadas atividades e, por conseguinte, sentiram com menor força os efeitos da crise internacional. (Relatório de Gestão 2010, p. 11).

Em 2010, embora a previsão de arrecadação fosse superior a R$ 330 milhões, foi um ano critico, devido ao agravamento das restrições orçamentárias da SUFRAMA. Constando registrado no relatório de gestão da Autarquia que foi um ano marcado por dificuldades para compatibilizar o alcance das metas estabelecidas no plano anual com o orçamento aprovado, uma vez que os pagamentos até dezembro ficaram limitados em R$ 56.336.621,00, valor insuficiente para atender as demandas da Autarquia até o final do exercício, as quais eram maiores que o montante autorizado.

Diante desse contexto, foi priorizada a manutenção da máquina administrativa com destaque para as ações indispensáveis ao andamento das atividades operacionais e melhoramento de sistemas. Nesse sentido foi implantado o projeto CACIC de software livre, que permite o levantamento automático de hardware e software de todas as estações de trabalho da Autarquia; a instalação de novos equipamentos na sede e nas unidades descentralizadas, incluindo a aquisição de 22 equipamentos de wireless para melhorar o acesso da rede sem fio.

Porém, no que diz respeito aos projetos estratégicos para a região, as restrições impostas ao orçamento e recursos financeiros prejudicaram o andamento desses projetos como no caso dos projetos de Implantação do Parque Tecnológico do Polo Industrial de Manaus; Desenvolvimento de Produtos e Processos no Centro de Biotecnologia da Amazônia – CBA; Revitalização e Expansão da Infraestrutura do Distrito Industrial de Manaus, dentre outros que tiveram suas execuções parcialmente realizadas em função dessas restrições.

Apesar do contingenciamento e das dificuldades da Autarquia em relação a realização das metas das ações estruturantes do modelo, em 2010, os indicadores de desempenho do PIM foram positivos:

O Indicador de crescimento de mão de obra foi de 11,62%, gerando 10.769 novos postos de trabalho em relação a 2009, com 92.670 empregos direto. A taxa de Agregação do Valor Local foi de 2,59 (o índice previsto era de 2,95), O índice de 2,59 representa que, para cada unidade monetária de insumos importados, foram agregadas, no PIM, 2,59 unidades monetárias. Taxa de Taxa de Participação na Arrecadação de Tributos Federais na 2ª Região Fiscal em 2010 foi de 63,80%, crescendo em relação a 2009. A Taxa de Participação do Amazonas (leia-se Polo Industrial de Manaus - PIM) na Arrecadação de Tributos Federais da 2ª Região Fiscal, relativa ao acumulado de 2010. Isto demonstra que não é só riqueza privada o resultado do PIM, mas antes de tudo ele se apresenta e tem se mantido como importantíssima base tributária, nas três esferas de Governo. Com esta performance, o Estado do Amazonas se consolidou como a única Unidade da Federação, dentre os Estados Norte, do Nordeste e do Centro Oeste, que é exportadora líquida de impostos e contribuições federais à União. No período de 2003 a

2010 disponibilizou U$$ 31,7 bilhões de riqueza para todo o país: arrecadação de U$$ 42,8 bilhões e transferência U$$ 11,0 bilhões.

As exportações do PIM atingiram US$ 1.03 bilhão, em 2010, o que representa um crescimento de 21,07% em relação ao mesmo período de 2009 (US$ 857.44 milhões). As exportações poderiam ter sido incrementadas ainda em maior volume, porém a crescente valorização do Real frente ao Dólar tem tirado a competitividade de nossos produtos, especialmente aqueles que têm uma cadeia de suprimentos mais integrada localmente/nacionalmente.

O bom desempenho dos indicadores do Programa do PIM, mostra que até 2010, apesar do contingenciamento recorrente dos recursos orçamentários na ordem de 27,59%, que prejudica a realização das ações voltadas para o programa interiorização do desenvolvimento, não houve impacto negativo sobre o desempenho dos indicadores do Programa do Polo Industrial de Manaus. A explicação para esse fato é que os incentivos continuam atraindo investimentos (projetos), dado que a ação 2035 – Análise e Controle de Projetos Beneficiados com Incentivos Fiscais principal ação do programa, obteve uma execução financeira de 95,36% possibilitando uma execução física de 97,28%. Esta ação é responsável pela atração de investimentos para o modelo Zona Franca de Manaus, e consiste na análise e controle de projetos de implantação, ampliação, diversificação e atualização submetidos à aprovação do Conselho de Administração da Suframa – CAS, além do acompanhamento dos projetos já implantados. Neste sentido, a ampliação das plantas fabris (empresas), já instaladas, e a implantação de novos projetos incrementam o número de investimento, de postos de trabalho, de faturamento, de exportação e de arrecadação.

Outras ações do programa, as quais dão suporte à função atração de investimentos, obtiveram elevado nível de contingenciamento de recursos orçamentários implicando em realização financeira muito abaixo do previsto ou não foram iniciadas. Fato esse que a própria SUFRAMA já previa que a médio prazo levaria na paralização total das ações estruturantes: "considerando o quadro atual é possível inferir que a continuidade dessa política governamental de contingenciamento dos recursos do programa somada à insuficiência da dotação aprovada implicará, no médio prazo, na paralisação total de suas ações estruturantes, principalmente às ligadas a função de atração de investimentos, com consequências negativas nos índices dos indicadores." (Relatório de Gestão de 2010, p.27).

Outra ação positiva que impactou positivamente no desempenho do modelo ZFM, em relação ao desempenho da meta de exportação, foi a ação 90EP - Apoio à Implementação de Mecanismos de Fomento à Exportação (não orçamentária) alcançou 81,82% da meta física proposta para o exercício.

O índice de realização das metas físicas das ações 2035 - Análise e Controle de Projetos Beneficiados com Incentivos Fiscais; 8184-Promoção Comercial da Zona Franca de Manaus e 90EP - Apoio à Implementação de Mecanismos de Fomento à Exportação impactam positivamente os objetivos institucionais voltados para o desenvolvimento regional, no médio e longo prazos, uma vez que são diretamente responsáveis pela atração de investimentos e pela inserção internacional do modelo ZFM.

Dentre as atividades de promoção comercial desenvolvidas nesta ação, destacam-se com grande importância a Feira Internacional da Amazônia (FIAM) e as Missões e Eventos Nacionais e Internacionais. No período de 2003 a 2010 a Feira Internacional da Amazônia (FIAM) foi realizada cinco vezes. Promovida pelo Ministério do Desenvolvimento, Indústria e Comércio Exterior - MDIC, por intermédio da Superintendência da Zona Franca de Manaus - SUFRAMA, a Feira Internacional da Amazônia – FIAM, consta oficialmente no Calendário Brasileiro de Exposições e Feiras, publicado pelo governo brasileiro, e com realização bianual.

O projeto estruturante de Implantação do Parque Tecnológico do Pólo Industrial de Manaus (Programa Multissetorial de responsabilidade da SUFRAMA), no período de

2003 a 2010, obteve realização parcial bem abaixo do previsto e do necessário para surtir os efeitos previstos, principalmente em relação a execução de projetos de pesquisa e de desenvolvimento. Em 2010 o CTPIM estava funcionando em instalações provisórias, com os projetos de arquitetura e engenharia da Unidade de Gestão Estratégica (UGE) concluídos e pendentes de execução por falta de recursos. Ainda em 2010, em novembro, ocorreu a formalização do Convênio n° 106/2010 voltado às ações para implementação e gerenciamento dos projetos constantes do Plano de Negócios, Programas Prioritários e do Parque Tecnológico do CT-PIM, por outro lado não houve a correspondente liberação dos recursos previstos.

2011 a 2015

Nesse segundo subperíodo da quinta fase da ZFM – 2011 a 2015 (Política industrial brasileira: Plano Brasil Maior), a Suframa começa em 2011 alcançando o seu ponto mais baixo de redução de suas atividade. O grau de contingenciamento do período, acima de 50%, o desempenho do programa foi abaixo do esperado.

Em 2010 foi aprovado um novo Planejamento Estratégico, o quarto PE da Suframa, definindo como áreas estratégicas: I – Desenvolvimento Organizacional; II- Gestão de Incentivos Fiscais; Logística; III-Tecnologia e Inovação; IV -Atração de Investimento; V- Inserção Internacional; VI-Capital Intelectual e Empreendedorismo; e VII-Desenvolvimento Produtivo.

Em 2011 em função do agravamento do processo do contingenciamento dos seus recursos, a Suframa não teve recursos para implementar ações voltadas para fomentar as áreas estratégias definidas no novo PE, foi considerado um exercício no qual os esforços da instituição foram nas áreas estratégicas de Desenvolvimento organizacional (manutenção da máquina administrativa); Gestão de Incentivos Fiscais (desenvolvimento de atividades de controle de mercadorias, análise e controle de projetos beneficiados com incentivos fiscais, ou seja, ações indispensáveis ao cumprimento do sua missão institucional.).

As restrições dos recursos impactaram de forma mais direta nas políticas da Autarquia voltadas para a interiorização dos efeitos do Polo Industrial de Manaus para os demais estados da sua área atuação. A operacionalização dessa política se efetiva através do programa 1020 Interiorização do Desenvolvimento na Área de atuação da Suframa, que tem suas bases operacionais assentadas no financiamento de projetos de desenvolvimento de interesse da região mediante a celebração de convênios com Estados, Municípios e instituições envolvidas com a problemática do desenvolvimento regional.

1020 - Interiorização do Desenvolvimento da Área de Atuação da SUFRAMA -Em 2011, o Congresso Nacional aprovou para o programa 1020 o valor de R$ 165,36 milhões dos quais 96,41% (R$ 159,43 milhões) eram destinados às emendas parlamentares os quais foram vetados pelo governo federal. Após o veto presidencial a nova dotação orçamentária inicial e final aprovada na LOA, foi de R$ 6 milhões e R$ 7,75 milhões, respectivamente.

Apesar da crise recursos da Suframa, os indicadores de desempenho do PIM, programa gerenciado pela Suframa, continuou seu processo de crescimento em relação a 2010:

Índice de mão de obra no PIM - em 2011, o Indicador de Mão de Obra no Polo Industrial de Manaus apresentou incremento de 15,22% (15.783 novos postos de trabalho) em relação ao exercício de 2010, superando em 11 pontos percentuais a meta estabelecida para o ano. Esse incremento da mão de obra é decorrente da retomada do crescimento da produção do Polo Industrial de Manaus para atendimento dos mercados interno e externo que, em 2011, alcançou um faturamento de US$ 41,10 bilhões, 17,42% (US$ 6,10 bilhões) superior a 2010.

Esse incremento na produção/faturamento tem como destaque o setor Eletroeletrônico (incluindo Bens de Informática), responsável por 44,38% do valor faturado, bem como o setor de veículo de duas rodas - motocicletas e bicicletas -, cuja cadeia produtiva é a mais integrada do Polo, maximizando sua capacidade de geração de empregos.

Taxa de Agregação de Valor Local – TAVL – obteve índice de 2,87%, representa crescimento em relação a 2010, que foi de 2,59%. O índice de 2,87 representa que, para cada unidade monetária de insumos importados, foram agregadas, no PIM, 2,87 unidades monetárias. O desempenho do indicador, em 2011, demonstra uma recuperação dos impactos ocorridos nos últimos 03 (três) anos quando houve queda em seu índice. Conforme previsto, em 2011 registrou-se a retomada da agregação local de valor em componentes, partes, peças e matérias primas regionais.

Essa retomada de crescimento do valor agregado local foi analisada pela SUFRAMA como consequência das exigências de novas etapas do Processo Produtivo Básico-PPB, corroboradas por investimentos internos das empresas na verticalização da produção, bem como pelo número de novos projetos aprovados de implantação e de ampliação para produção de insumos no PIM, especialmente aqueles voltados ao atendimento das cadeias produtivas em fase de transição.

Taxa de Participação na Arrecadação de Tributos Federais na 2ª Região Fiscal – em 2011 foi de 59,39%, a relação percentual entre o valor da arrecadação de tributos federais no estado do Amazonas e o valor da arrecadação de tributos federais na 2ª Região Fiscal, caiu o Estado do Amazonas continua como unidade da federação que é exportadora líquida de impostos e contribuições federais à União.

A ação 2035 - Análise e Controle de Projetos Beneficiados com Incentivos Fiscais Continuo com participação positiva para a Suframa e para o modelo. Em 2011, acompanhou 2.056 projetos industriais, de serviço e agropecuários e foram aprovados 231 projetos industriais (94 de implantação, 137 de ampliação/diversificação/atualização), com expectativa de geração de 6.814 empregos, investimento total de US$ 2,9 bilhões e expectativa de exportação de US$ 84 milhões, em nível de 3º ano de produção.

Em 2011 a ação 5080 - Implantação do Parque Tecnológico do Polo Industrial de Manaus, embora com atraso, devido ao contingenciamento dos limites financeiros, foi dada andamento na execução física do projeto. No entanto em face da não renovação da Licença Prévia houve mudança no endereço para implantação do Parque Tecnológico sendo necessário realizar adequações nos projetos básico e executivo. No entanto, até outubro/2011 tiveram andamento nas seguintes ações: implementação e gerenciamento dos projetos constantes do Plano de Negócios, Programas Prioritários do Parque Tecnológico do CT-PIM; implementação e gerenciamento dos projetos, objetivando a implantação do Parque Tecnológico do CT-PIM; e construção da unidade de Gestão Estratégica do CT-PIM no Parque Tecnológico, com a finalização dos projetos básico e executivo das unidades que comporão o Parque Tecnológico do PIM e as tratativas de substituição do lote onde será implantado o parque. (Relatório de Gestão da Suframa, 2011, p.29).

Os recursos estabelecidos na LOA para o exercício de 2011 foram utilizados principalmente para Pesquisa, desenvolvimento e capacitação do pessoal que irão integrar o RH do parque tecnológico. O início da construção da primeira etapa das instalações no novo terreno não ocorreu em decorrência da insuficiência e liberação intempestiva dos recursos referentes ao convênio 065/2009, inscrito em restos a pagar.

A Ação 2092 – Desenvolvimento de Produtos e Processos no Centro de Biotecnologia da Amazônia (CBA) -Os recursos desta ação foram descentralizados procedente do Ministério da Ciência e Tecnologia e Inovação –MCTI, no valor de 500,00 mil, o qual foi executado na sua totalidade, para dar continuidade às atividades do Centro de Biotecnologia da Amazônia - CBA, contribuindo com a implementação do programa de bolsas de pesquisa, de modo a possibilitar a realização de pesquisas que envolvam o uso da biodiversidade da Amazônia para a geração de produtos e processos tecnológicos, bem como a estimulação à permanência de profissionais qualificados na região.

Em 2013, a Suframa focou em três objetivos estratégicos fundamentais para a consolidação do Modelo Zona Franca de Manaus e para o desenvolvimento da região: POTENCIALIZAR o Polo Industrial de Manaus - PIM; FORTALECER as atividades de serviços e do comércio de mercadorias; e ATRAIR investidores nacionais e estrangeiros e apoiar o empreendedorismo local em que se destaca a realização da VII FIAM – Feira Internacional da Amazônia realizada no período de 27 a 30 de novembro.

Os principais acontecimentos que impactaram as ações operacionais da Suframa no exercício de 2013 foram: a redução do corpo técnico, a falta de recursos para apoio aos projetos de desenvolvimento, nenhum avanço na implementação do sistema informatizado, além do intenso desafio em atender as solicitações dos órgãos de controle externo. (Relatório de Gestão da Suframa, 2013, p. 102).

No que se refere à avaliação Socioeconômica dos resultados alcançados pelos projetos de interiorização do desenvolvimento verificou-se limitação de recursos humanos e a não liberação de recursos financeiros para a avaliação in loco, o que compromete a análise e avaliação dos efeitos gerados pelos projetos executados na região. (Relatório de Gestão da Suframa, 2013, p. 102).

Informações socioeconômicas regional, mostram que a ZFM teve um resultado favorável nesse período. O PIB per capita do Amazonas cresceu passando de 8.100,00 em 2003 para 17.173,00 em 2010. A expansão da renda per capita do estado do Amazonas fica mais evidente quando se compara a renda per capita no começo da ZFM com a renda per capita de São Paulo. Em 1970 a renda per capita de São Paulo era de R$ 17,4 mil, correspondia 7 vezes maior do que a do Amazonas de R$ 2,4mil. Em 2010 essa proporção diminuiu consideravelmente, a renda per capita de São Paulo (R$ 30mil) passou a ser apenas 1,8 vezes maior do que a do Amazonas (R$ 17 mil).

Segundo a FGV, no Relatório Final – Zona Franca de Manaus Impacto, efetividade e oportunidade (2019, p.19), com base nos dados da Relação Anual de Informações Sociais (RAIS), Manaus em 2010, representava a décima terceira microrregião em termos de empregos na indústria de transformação e a décima sexta na massa de salários pagos. Representa a segunda capital fora das regiões Sul e Sudeste em quantidade de empregos e salários, sendo superada apenas por Fortaleza no emprego e por Salvador no total de salários.

A remuneração média mensal em Manaus está em três salários mínimos, abaixo de São Paulo, Rio de Janeiro, Salvador, Curitiba, Belo Horizonte, Vitória, Porto Alegre, e São Luiz, porém acima de Brasília e Aracaju (IBGE, PIA, 2016). No período de 2003 a 2010 houve crescimento de 67% no emprego e 75% no volume de salários pagos em termos reais. (RAI, 2015).

O relatório atribui o motivo desse crescimento pelo fato de que, diferentemente das demais microrregiões localizadas nas regiões Norte, Nordeste e Centro-Oeste, a indústria de Manaus se caracterizar pela concentração em segmentos modernos da Indústria, especialmente na fabricação de Material Elétrico e Equipamentos de Comunicação e fabricação de Outros equipamentos de Transporte.

Outro bom resultado para o Amazonas, foi a queda da participação da indústria extrativa que em 2003 tinha uma participação na atividade econômica no valor adicionado bruto do Amazonas de 5,7%, passou em 2010 a ter uma participação de 1,5%.

6.   Conclusão

A Suframa vem perdendo autonomia financeira, devido a política de contingenciamentos dos seus recursos pelo governo federal, de 2003 a 2015 cerca de 60% da receita arrecadada foi contingenciada; bem como devido queda na arrecadação que ocorreu em 2014 e 2015: 2014/2013 a queda na arrecadação foi de 16% e de

2015/2014, de 32%. Entretanto, apesar da perda na autonomia financeira ao longo dos anos, devido às exigências do modelo, passou a ter atuação como uma instituição de promoção do desenvolvimento regional, aumentando as áreas de atuação finalística, e consequentemente suas atividades.

Atualmente, por força do regimento interno, aprovado pela Portaria nº123, de 3 de junho de 2008, tem por finalidade promover o desenvolvimento socioeconômico, de forma sustentável na sua área de atuação, mediante geração, atração e consolidação de investimentos, apoiado em capacidade tecnológica, visando a inserção internacional competitiva.

A estrutura governamental que formula a política da ZFM e a administração de sua execução é naturalmente complexa por conta da necessidade de ações articuladas multi-institucional e com os demais atores da região, bem como com a política industrial, produtiva, econômica e tecnológica do país. A Superintendência possui duas instâncias administrativas principais: a instância deliberativa - CAS, o qual envolve a administração federal de 10 ministérios, e a administração estadual e municipal de 5 Estados, bancos de desenvolvimento nacional e da Amazônia e representantes de associação empresarial e dos trabalhadores, e a executiva, sob a direção de um superintendente e 4(quatro) superintendentes adjuntos.

A Suframa na área industrial atua num ambiente institucional que tem interseção com a política econômica do país, quais sejam: Política fiscal, tanto pelo lados incentivos quanto pelo lado dos gastos federais na ZFM (Ministério da Fazenda); Política industrial e comercial (MDIC/SDP); Política tecnológica de telecomunicação, automação e de informática (MCTIC); Política de desenvolvimento da região amazônica (Ministério da Integração Nacional). E com as políticas setoriais.

A Suframa, assim como as Superintendências regionais foram criadas dentro de uma política nacional desenvolvimentista e de desconcentração espacial e industrial.

O modelo ZFM em relação ao objetivo inicial de criar no interior do Amazonas um centro industrial, comercial e agropecuário dotado de condições econômica que permita seu desenvolvimento, em função da grande distância em que se encontram os centros consumidores, atingiu seu objetivo em relação a criação do Polo industrial de Manaus. A ZFM sem dúvida é um modelo que deu certo e trouxe aumento do PIB per capita da Região Norte e promoveu o dinamismo da economia da região ao longo desses 50 anos, e a evolução dos indicadores sociais, mas ainda hoje as transferências da união são responsáveis pelo financiamento dos orçamentos municipais.

Etapas da formação do PIM: no período de 1968 a 1974 foi o período de atração inicial dos projetos industriais para a ZFM, com concentração em Manaus. De 1975-1990 foi o período de estimulação do processo de industrialização no país e na ZFM e de expansão de indústria na ZFM. De 1991 a 1996 período de defesa da sobrevivência do modelo, em decorrência da rápida e generalizada abertura comercial do país, que acirrou a concorrência internacional transformando e eliminando várias empresas no país e na indústria da ZFM, a qual sofreu o impacto das medidas e com a perda das vantagens competitivas e o ambiente de recessão que passava a economia brasileira, foram eliminadas várias fábricas, principalmente as micro e pequenas empresas (MPEs), ficando as empresas de setores competitivos, as quais se reajustaram ampliando novas técnicas de gestão e qualificação de mão de obra, incorporando novas tecnologias de processo, com ampliação de investimentos em modernização industrial, com racionalização e automação. O período de 1996 a 2002, foi voltado para ampliar a política comercial de forma a aumentar as exportações dos produtos do PIM, que tinham adquiridos uma certa competitividade. A partir de 2004 a estratégia foi aumentar a competitividade do PIM através do adensamento da cadeia produtiva, e interiorização do desenvolvimento com gerência em ação multissetorial com Desenvolvimento de produtos e processos no Centro de Biotecnologia da Amazônia - CBA, vinculado ao programa de Biotecnologia, de responsabilidade do Ministério da

Ciência e Tecnologia –MCT e investimento em P & D pelas empresas do setor de informática.

Hoje o PIM é reconhecido pelo MDIC como um mecanismo de política industrial horizontal do governo federal e um importante fator de integração nacional, devido a complementaridade entre o PIM e o restante da indústria brasileira, no atendimento do mercado nacional e é utilizado como instrumento de manutenção e fortalecimento da atividade industrial brasileira. O Polo Industrial de Manaus – tem orientação de suas ações voltadas para o maior adensamento de cadeias produtivas nacionais, através do Processo Produtivo Básico, permanente busca pelo aumento das exportações e por maior equilíbrio da balança comercial e por adensamento tecnológico do parque Industrial: investimentos em institutos de pesquisas regionais com recursos do percentual destinado à Pesquisa e Desenvolvimento (P & D), determinado pela Lei de Informática.

No entanto, apesar da orientação e dos esforços observa-se um enfraquecimento da política tecnológica para a indústria do PIM. As ações estruturante de longo prazo de adensamento tecnológico, CBA (programa PROBEM) e CT-PIM (iniciadas no PPA de 2000-2003), estratégicas para fortalecer o modelo, apesar de incluídas nas intenções das políticas industriais, sofreram descontinuidade na sua implementação; e ao longo do período analisado não tiveram os resultados positivos efetivos esperados. Até 2013 consta no relatório de Gestão da Suframa previsão de ação com o objetivo de conclusão da infraestrutura Física e laboratorial do Centro de Biotecnologia da Amazônia –CBA. Após mais de uma década ainda continua inacabado em relação a construção física, e sem a sua constituição jurídica, que prejudica o Desenvolvimento de Produtos e Processos no CBA. Fator que está impedindo que ZFM utilize as vantagens comparativas da biodiversidade.

Em 2010 a Suframa e CT- PIM lançaram o marco inaugural do parque tecnológico, e em 2011 foi previsto no PAT da Suframa a Ação 5080 – Implantação do parque Tecnológico do Centro de Ciência, Tecnologia e Inovação do PIM, embora com contingenciamento dos limites financeiros para pagamento dos empenhos ocasionando atrasos na execução física do projeto, em 2011, foi realizada   ações por parte da Suframa, neste projeto. No entanto, em 2012 o projeto não consta nas ações do PAT da Suframa, demonstrando que não houve continuidade dessa ação, por parte da Suframa.

Em relação à interiorização do desenvolvimento, intraregionalmente as regiões de competência da Administração da Suframa, continuam desiguais, a transformação esperada em virtude dos efeitos positivos da cadeia produtiva do PIM, e dos investimentos realizados com os recursos da SUFRAMA não foram suficientes para superar os gargalos logísticos, de infra estruturais e humanos, local e inter-regional, capaz de fomentar a economia do interior (AMOC) em seus setores básicos, que em parte pode ser atribuído a descontinuidade ocorrida na implementação das metas físicas e financeiras das ações planejadas para estruturar os programas voltados para promover o desenvolvimento, e dos baixos volumes de recursos envolvidos nas iniciativas, devido ao contingenciamento dos recursos próprios da Autarquia, por parte do governo federal, realizado desde 2002, a ponto de prejudicar o desempenho das atividades da Autarquia, principalmente, em relação aos acompanhamentos da execução e resultados dos convênios. Em 2013 e 2014 as atividades desenvolvidas pela Autarquia sofreram descontinuidade em função da redução do corpo técnico, comprometendo as metas de desempenho de gestão e institucional da Suframa. Parte pelo próprio enfraquecimento dos projetos estruturantes estratégicos de infraestrutura de laboratórios e pesquisa científica e tecnológica planejados a longo prazo para promover a sustentabilidade do modelo, considerando força centrífugas das atividades de P & D e em biotecnologia que seriam descentralizadoras das bases produtivas.

A estrutura de pessoal da Suframa foi reestruturada com a realização de concurso público em 2008 e 2014, em substituição aos colaboradores terceirizados, dos contratos de assessoramento e de informática com a Fucapi, mas o quadro sofreu pera significativa, o quantitativo de pessoal ainda é menor que as necessidades da Instituição. A Autarquia ao longo da sua existência apresentou muita dificuldade para conseguir as autorizações para promover os concursos, e no último concurso para chama os remanescentes. A demora em realizar concurso e as vacâncias dos cargos devido aposentadoria, exoneração ou remanejamento para outros órgãos, tem comprometido o desenvolvimento das atividades do Órgão.

Outro fator que explica a não interiorização do desenvolvimento na Amazônia ocidental e Macapá /Santana foi o próprio enfraquecimento da política regional decorrente do quadro econômico externo, que exigiu constante ajustes à ortodoxia macroeconômica, aliada à conjuntura econômica interna que impôs uma forte regressão às políticas regionais explícitas, causando um período de baixo crescimento da economia brasileira e de retornos à preocupação do agravamento dos desequilíbrios locais. Nesse período as clássicas superintendências regionais (Sudene, Sudam e Sudeco) enfraquecidas e substituídas por agências de desenvolvimento com atribuições muito limitadas. Em 2007 foram recriadas a Sudam e a Sudene, e em 2009, a Sudeco.

Apesar do fato que a partir de 2007 o Governo Federal reconheceu as desigualdades regionais existentes no Brasil e propôs políticas articuladas, buscando atuação conjunta do Estados e de atores sociais na busca da redução das desigualdades regionais, com a nova PNDR instituída pelo Decreto n°6.047, de 22 de fevereiro de 2007, e, apesar da proposta inova ao trazer uma perspectiva nacional sobre as desigualdades socioespaciais brasileiras, até o final de 2010, essa política não conseguiu se firmar como política pública seja pela efetiva execução orçamentária, seja pela visibilidade política. Nesse cenário, a segunda gestão não trouxe inovação para a política regional e as superintendências de desenvolvimento regional caminhavam vagarosamente, sem quadros técnicos, orçamento, infraestrutura ou clareza sobre o seu papel institucional.

Entendendo a capacidade institucional como o conjunto de habilidades existentes em uma determinada instituição para gerenciar ou prover o atendimento das necessidades dessa população ou ainda solucionar os problemas enfrentados pela sociedade, e considerando que a Suframa "tem por finalidade promover o desenvolvimento socioeconômico, de forma sustentável na sua área de atuação, mediante geração, atração e consolidação de investimentos, apoiado em capacidade tecnológica, visando a inserção internacional competitiva", a capacidade institucional da Suframa foi fragilizada aos longos desses últimos anos, e sua estrutura administrativa não proporcionou nos últimos anos melhor desempenho no exercício de suas competências institucionais, principalmente na execução do seu PPA, não permitindo o alcance das suas metas e finalidades.

7. Referências

Garcia Etelvina. Zona Franca de Manaus: História, conquistas e Desafios, Manaus, editora Norma, 1997.

Holland, Márcio et al. Relatório final. Zona Franca de Manaus: impactos, efetividade e oportunidade, 2019, disponível em:https://amazonas1.com.br/wp-content/uploads/2019/03/Relato%CC%81rio_ZFM_Consolidado_22022019.pdf

Neto, Aristides et al. Desenvolvimento Regional do Brasil: política, estratégia e perspectivas, IPEA, 2017, disponível em: http://repositorio.ipea.gov.br/handle/11058/7450

Silva Fernandes, Capacidade institucional: uma revisão de conceitos e programas federais do governo para o fortalecimento da administração pública, FGV EBAPE, 2015, disponível em: file:///D:/2019/Artigo/Capacidade%20Institucional/28311-135217-2-PB.pdf

SUPERINTENDÊNCIA DA ZONA FRANCA DE MANAUS, Plano Diretor Industrial: diretrizes tática para a atuação da Suframa (2017-2025), 2017, disponível em:http://site.suframa.gov.br/acesso-a-informacao/institucional/PDI

SUPERINTENDÊNCIA DA ZONA FRANCA DE MANAUS. Relatório de gestão: Gestão 2000/2001, 2002/2003/2004/2005/2006/2007/2008/2009/2010/2011/2012/2013/2015, disponível em: http://www.suframa.gov.br/suframa_relatorio_de_gestao.cfm

POTENCIALIDADE DO AÇAÍ PARA O DESENVOLVIMENTO ECONÔMICO DO AMAZONAS

Melquíades Ferreira Campos Neto

1. Introdução

A região amazônica destaca-se por apresentar grande potencial no cultivo de plantas frutíferas, por conta de seu valor econômico tendo sua utilização nas populações locais e na indústria de produtos alimentícios. Dentre essas variedades de frutas destaca-se o açaí, que apresenta um mercado tradicional e consolidado, na própria região de origem e que vem crescendo para novos mercados, na medida em que a produção do açaí incorpore procedimentos, como controle de qualidade do produto, e atenda as exigências dos consumidores.

O Açaí vem sendo alvo de destaque na mídia sobre seu potencial energético e saudável. A geração saúde aprovou o produto e o incluiu em sua dieta alimentar e como consequência direta desta divulgação nacional e internacional o produto passou a ser considerado extremamente importante para o crescimento econômico das regiões produtoras.

No Amazonas, Euterpe precatoria Mart (açaí do Amazonas), também conhecido como açaí–da–mata, deixou de ser apenas um hábito alimentar do amazônida para fazer parte da alimentação mundial, integrando as prateleiras de supermercados a quiosques, no Brasil e no exterior. Contudo para que exista aumento da produtividade são necessários investimentos nas práticas que caracterizam uma cadeia produtiva, perpassando o plantio, a colheita, o beneficiamento e a comercialização.

Por conta da conquista de mercado mediante comercialização de seu fruto na forma de bebida "in natura", os extratores e produtores de açaí têm procurado informações sobre seu cultivo e suas sementes, tendo como alternativa a seleção de plantas matrizes, buscando as características fenotípicas, para obter ganhos genéticos. Além disso, fez crescer a procura por sementes e mudas dessa palmeira, com tendência de substituição parcial do extrativismo pela técnica a partir de material propagativo (Oliveira et al. 2000).

Para que haja produção em grande escala, deve existir análise de mercado e o mais importante, o conhecimento das espécies que produzem o fruto, como é o caso da Euterpe precatoria Mart. No entanto, a espécie ainda não se estabeleceu no mercado, por carência de informações calcadas na ciência e no tecnicismo, ao contrário da Euterpe oleracea Mart. que já alcança mercados nacionais e internacionais e responde pela maior parte da produção mundial.

A domesticação dos sistemas produtivos do açaí, em terra-firme, constitui uma inovação de processo de grande importância para o crescimento da demanda, além de melhorar a qualidade do fruto e estimular o desenvolvimento de inovações de produto e de gestão. Ademais, a incorporação em sistemas agroflorestais ou consórcios viabilizam sistemas de produção diversificados, aumentando a produção e as características para um ambiente sustentável, no contexto ambiental, social e econômico.

2. Potencialidades do Açaí

Dentre as espécies frutíferas nativas da Amazônia com maior expressão hoje no mercado, destaca-se o açaí, do gênero Euterpe, ainda que se busque a estabilidade de sua produção para o mercado, utilizando-se as diferentes espécies que também produzem fruto. Para que haja um aumento de produtividade e a implementação de novos modelos de produção dessa espécie, Neumann; Hirsch (2000), citam o manejo de seus frutos por meio de práticas que utilizem métodos científicos e/ou tradicionais. Além de considerar, por exemplo características botânicas, ciclo de vida e produtividade (Peters, 1996), além das interferências que ocorrem - do e no - solo.

O açaí-da-mata, na Amazônia, inicia produção de frutos aos 4 - 5 anos de idade, aos 6 - 7 anos produz de 4 a 8 cachos em diferentes estágios de desenvolvimento /estipe /ano, com peso médio de 2,5 kg/cacho, produzindo de 10 a 20 toneladas de frutos por hectare/ano (Homma et al. 2006) indicando elevada produção. Se trabalhado de forma correta, poderá se tornar concorrente real de mercado com o Euterpe oleracea, complementando o produto no mercado e incentivando ainda mais a melhoria das técnicas de produção.

Para que ocorra uma produção, em grande escala e abrangendo diferentes mercados, novas alternativas têm sido analisadas, como o cultivo em terra-firme (Homma et al. 2006), bem como a inserção do açaí na produção das agroindústrias, visando novas plantas industriais (Santana et al. 2006), além do manejo, buscando aumentar a população de açaí que ocorrem naturalmente na floresta de várzea.

Segundo Nogueira (2009) avaliando a E. precatoria, 80% da produção de frutos têm origem no extrativismo e os 20% restantes são provenientes de açaizais manejados e cultivados em várzea e terra-firme e afirma que a colheita de açaí é uma operação onerosa e difícil, por conta da altura dos estipes que atingem de 10 a 15 m.

Todavia, há uma característica interessante para a expansão do cultivo dada pelas duas espécies utilizadas na produção do vinho de açaí, dada pela alternância das épocas de frutificação, em que a E. oleracea produz principalmente no 2° semestre (verão amazônico), enquanto que a produção de E. precatoria se dá no 1° semestre (inverno amazônico) (Ambiente Brasil, 2016).

A agroindústria de polpa de frutas apresenta Índice de competitividade de intermediário a baixo (Santana, 2007a), porém com "iniciativas para implantação do sistema de qualidade e de sustentabilidade de processo, produto e gestão, na busca de inserção no mercado internacional, sinalizam para ganhos de competitividade sistêmica", indicando que deve haver uma reestruturação da capacidade que deve triplicar, finalizando em um duplo desafio: efetuar a domesticação das frutas extrativas e aumentar a produtividade das fruteiras exóticas.

De acordo com Homma (2007) a coleta extrativa é proveniente de 50 mil hectares manejados nas várzeas e em plantios em áreas de terra-firme, sendo alguns com irrigação, provocando a elevação dos preços a R$ 8,00 a R$ 9,00/litro.

O autor ainda cita o beneficiamento do açaí efetuado por batedeiras artesanais, que implica em problemas que envolve a culturalização dos extrativistas, ampliação da fiscalização e conscientização dos agentes envolvidos ao longo da cadeia produtiva deste o coletor até o consumidor, visto por exemplo a ocorrência de quatro mortes em 2006 e quatro em 2007, infectados com o mal-de-Chagas, indicando que deve-se melhorar as condições sanitárias exigindo o estabelecimento e cumprimento de normas legais, para a garantia da segurança alimentar.

A demanda pelo açaí, vem crescendo entre os consumidores com maior nível de renda, motivados por inúmeros fatores, envolvendo não só a questão alimentar, como também as questões culturais, estética e de saúde. Todavia, a produção extrativista, não conseguiu equilibrar o aumento da demanda pareado com o crescimento do mercado, por isso a necessidade do plantio em terra-firme, onde a viabilidade depende de custos de logística e os custos do manejo na área extrativista (Homma et al. 2006), aliado a isso a inclusão de plantas industriais para realizar, agilizar e melhorar o processamento. O que se nota, após essas adequações é uma nova visão da matriz de produção do açaí, vinculado a demanda de mercado e novos investimentos (Pagliarussi et al. 2011).

A exploração comercial da Euterpe precatoria Martius, no Amazonas, quando comparado a Euterpe oleracea Martius, no restante do estuário Amazônico ainda não alcança grandes proporções. No Amazonas até 2004, apenas 2% da produção eram advindos de plantios mistos de Euterpe precatoria e Euterpe oleracea (Amazonas, 2005). Porém, a atividade tem crescido nos últimos anos, principalmente com a participação no mercado internacional da E. precatoria, provocado pelo sucesso desse produto em diferentes empreendimentos, onde de 2014 a 2016, houve um incremento de 635,2 mil sacas para 799,9 mil sacas de 50 kg (IDAM, 2017).

O Açaí é um fruto que faz parte da tradição e cultura das populações de regiões da Amazônia, é fruto sagrado dos indígenas, conforme é tratado na lenda.

3. A Lenda do Açaí

Uma tribo da Amazônia estava passando por uma grave crise de fome, não encontraram nada para coletar e saciar aquela terrível fome que assolava a tribo. Foi neste interim que o cacique da tribo, ITAKI, decretou a morte de todas as crianças que viessem a nascer, porque elas não sobreviveriam sem alimentos. Por azar seu e de sua família quem ficou grávida foi sua filha Iaçá. Assim que nasceu sua neta, a tribo a matou para desgosto de Iaça, que chorava muito. Enquanto chorava, Iaçá avistou uma palmeira esguia, alta e cheia de frutas e lá bem no alto avistou sua filha, chorando e de braços abertos esperando por ela. Iaçá saiu correndo em total desespero e se chocou com a palmeira morrendo ao seu pé.

Quando o cacique encontrou sua filha, observou que ela estava com um olhar de muita felicidade olhando para cima em direção ao fruto daquela palmeira.

ITAKI então mandou que apanhassem os frutos, obtendo um vinho avermelhado que batizou de AÇAÍ, em homenagem a sua filha (IAÇÃ invertido). Alimentou seu povo e, a partir deste dia, suspendeu a ordem de sacrificar as crianças.

4. Origem - Açaizeiro

O açaizeiro pertence à família Arecaceae, gênero Euterpe, e na Região Norte as espécies mais comuns são Euterpe precatoria Mart. e Euterpe oleracea Mart. O açaí é encontrado em regiões de clima tropical (pluviosidade acima de 2.000 mm; umidade relativa acima de 80% e temperatura média de 28°C), mas desenvolve-se em regiões com temperatura média acima de 18°C (Calzavara, 1987); (Nogueira et al., 1995); (Souza et al., 1996); (Shanley et al., 1998).

O açaí-da-mata E. precatoria, é uma palmeira tropical, perene, com ocorrência mais frequente na Amazônia Ocidental, inclusive Peru, Colômbia, Venezuela e Bolívia. Conforme Bentes-Gama (2005) é uma espécie de clima tropical quente e úmido (temperatura média anual acima de 26°C, umidade relativa do ar entre 71% e 91%, e precipitação acima de 1.600 mm por ano). Não é exigente em solos, cresce mesmo em solos pobres e ácidos, desenvolvendo-se bem naqueles com maior fertilidade. Muito útil para a recuperação de matas ciliares.

Euterpe precatoria, é conhecida na região de Manaus também como açaí-da-mata, e em outros lugares por açaí-do-amazonas, açaí-de-terra-firme, açaí solitário, na Bolívia como palma del rosário e yuyu chonta no Peru, "[...] é encontrada no alto Amazonas, Acre, Mato Grosso, Bolívia, Peru, sul da Colômbia e Venezuela. A principal característica dessa espécie é a ausência de perfilhos" (SILVA, 2005). É uma palmeira monocaule, com estipe alongado, sem espinho e atinge, em média, 20 m de altura, podendo chegar a 35 m, e 10 a 15 cm de diâmetro (SILVA, 2005). A inflorescência é formada pelo ráquis, sendo mais larga em sua base. As ráquilas, em número de 70 a 150, com 35 a 45 cm de comprimento, possuem flores femininas ladeadas por duas masculinas, que formam o cacho, com peso entre 3g e 8 kg sendo que 70% do peso do cacho correspondem aos frutos. Os frutos são drupas com diâmetro em torno de 1,7 cm e peso de 2 a 3 g. A polpa corresponde a 7% do peso do fruto (Calzavara, 1987); (Nogueira et al., 1995).

Os tipos mais encontrados são o açaí preto, cujos frutos maduros tem polpa arroxeada, e o açaí branco, com frutos de coloração verde, mesmo quando maduros. O açaí preto é a variedade preferencial devido a sua maior abundância e também por ser mais resistente ao ataque de brocas.

Ao contrário da espécie Euterpe oleracea nativa do Pará, o açaí do Amazonas Euterpe precatória não perfilha nem forma matas densas. Sua ocorrência se dá sob forma de pequenos agrupamentos nos trechos onde a floresta é menos compacta e permite a entrada da luz ou próximo às margens dos corpos de água.

A Euterpe precatoria é uma planta que prefere os terrenos ou áreas úmidas. As áreas geográficas de ocorrência do açaí nativo são em sua maioria, terras eventualmente inundáveis em grandes cheias, próximas às cabeceiras de pequenos igarapés e nas restingas altas, ou junto a lagos interiores formados pela sedimentação e fechamento de antigos canais fluviais meandrantes. Como floresce e frutifica o ano todo, é possível encontrar na mesma árvore, desde flores até frutos maduros.

A propagação natural é realizada por vários animais, principalmente aves e macacos. Também há relatos de alguns entrevistados de que os peixes poraquê (Electrophorus electricus) e (Hoplerythrinus unitaeniatus) alimentam-se desta fruta e são, portanto, disseminadores em áreas eventualmente alagáveis.

Os relatos dos entrevistados em outra pesquisa (Oliveira et al, 2008) revelam que o fenômeno da friagem durante a floração, resulta em quebra de safra. Outro fator importante que resulta em quebra de safra, é a interferência de chuvas em época de floração, o que pode provocar a redução de frutos por cacho.

Analisando a densidade, estrutura, dinâmica e a estabilidade populacional desta espécie em florestas de terra firme com o objetivo de avaliar o potencial ecológico de manejo revela que de modo geral, Euterpe precatoria possui características ecológicas favoráveis para seu manejo sustentável, tais como alta densidade e frequência, regeneração abundante e grande produção de frutos (Rocha, 2004). Um maior potencial de manejo apresentou-se na floresta de várzea alta e baixa comparado ao da terra firme.

O sistema radicular é superficial e bastante longo, podendo atingir 6m ou mais de raio. A radiação solar tem grande influência na produção e na qualidade dos frutos, necessitando o açaizeiro de abundância de luminosidade para uma boa produtividade.

5. Possibilidade de Uso

Barrinhas de cereais, iogurtes, sobremesas lácteas e até cosméticos são alguns dos alimentos que podem ser feitos com açaí, sem contar no consumo in natura. A fruta, além de se tornar cada vez mais famosa e de ajudar no desenvolvimento das regiões produtoras, tem uma característica bem importante: sua produção é altamente sustentável.

Um dos motivos é porque todas as partes do açaizeiro podem ser aproveitadas para se fazer algum produto, segundo indica a tabela:

| Raiz | Quando nova, é usada como chá vermífugo. |

Tronco (estipe)	Usado em construções rurais, como ripa e caibro, e para móveis leves.
Fruta	Com ela se faz vinho de açaí, polpa congelada, sorvete, geleia, corantes, bombons, etc.
Cachos (de onde as frutas são tiradas)	Servem como vassouras, adubo ou, se queimados, como repelente natural contra insetos.
Coaratá (que cobre o cacho)	Usado como rede para bebês e barco de brinquedo.
Parte elevada do caule	É de onde se extrai o palmito de açaí, que pode ser retirado sem matar a árvore, o que significa uma exploração sustentável.
Palha	Usada em casas como telhado e é matéria-prima de tapetes e outros objetos artesanais.
Caroço	Dele é feito adubo, joias ecológicas, como colares e pulseiras e é usado, também, na substituição de carvão e lenha.

Outra questão relevante é sobre o plantio das árvores. É importante que os açaizeiros sejam plantados de forma a gerar menor impacto possível. De acordo com os especialistas, não se deve tirar toda a vegetação e deixar só os açaizeiros plantados sozinhos, porque essa monocultura abre espaço para pragas. O mais correto a fazer é manter o equilíbrio entre o açaizal e a floresta de várzea.

A biodiversidade ao redor pode ajudar, protegendo as plantas do sol, da erosão nas margens dos rios e da proliferação de ervas daninhas e das pragas. Esse método de plantação também é eficaz para a recuperação das áreas desmatadas e facilita o transporte rodoviário, sem depender do transporte fluvial, que é mais lento.

Os produtores continuam na busca pela forma mais sustentável de se trabalhar com o açaí.

6. Polpa de Açaí

O produto aqui considerado é a polpa extraída dos frutos do açaí, por processo que garante sua qualidade em termos de higiene e características organolépticas e, posteriormente congelada.

O fruto do açaí é arredondado e roxo, quase preto, lembrando uma jabuticaba pequena. É crescente o interesse comercial no açaí desta espécie principalmente para o mercado externo, devido a certas propriedades físico-químicas.

No Amazonas, o açaí é uma fonte alternativa de alimento relevante, inclusive há famílias que o consomem diariamente, no período da safra. A diversificação extrativista, de culturas, e, a criação de pequenos animais é fundamental para garantir maior qualidade à alimentação da população e variar o leque de produção de excedente para venda. Sistemas agroflorestais e permacultura podem ser importantes para incrementar as roças, e o açaí-da-mata é muito indicado como auxiliar nessa diversificação e na recuperação de áreas degradadas (Bentes-Gama, 2005).

Além de alimento, na medicina popular segundo Galotta (2005), a raiz e o talo da folha são usados contra dores musculares, picadas de cobra e a folha, para aliviar dores no peito. A raiz também é utilizada no tratamento da malária e contra infecções hepáticas e renais. A semente fornece um óleo verde escuro, usado popularmente como antidiarreico.

Os estudos das propriedades físico-químicas da polpa de açaí, feitos por Lisbeth Pacheco-Palencia e Stephen Talcott na Universidade da Flórida (Gainesville) e atualmente, com um grupo ampliado de pesquisadores no Texas Agricultural and Mechanical University - Texas A & M University (próximo a Houston e San Antonio) demonstraram que a polpa do açaí-da-mata, E. precatoria, contém maiores teores de fenóis, antocianinas e antioxidantes do que a espécie nativa do Pará (Pacheco-Palencia et al., 2009).

Devido ao alto valor energético (Bentes-Gama, 2005), o açaí tem conquistado mercados. A polpa do E. oleracea é comercializada em larga escala no Brasil e exterior. Se este produto ganha reconhecimento como energético e fármaco, inclui um apelo à conservação de florestas e habitat na Amazônia, a agregação de valor deixa de acontecer somente pela certificação florestal ou orgânica e passa a incorporar múltiplos valores.

Diversos estudos apontam que as características físico-químicas do açaí são relevantes para nutrição. Um dos mais importantes estudos é do químico belga Dr. Hervé Rogez, docente da Universidade Federal do Pará, que levantou a tabela nutricional do açaí (no caso, da espécie Euterpe oleracea), que não difere muito da Euterpe precatoria, exceto pelo fato deste último ter mais antocianina, fenóis, e antioxidantes. Além do Dr. Hervé Rogez, George Duarte Ribeiro e outros pesquisadores da Embrapa identificaram as principais propriedades químicas do fruto do açaí (Euterpe sp.): a polpa do açaí é rica em ferro, fósforo, e vitaminas B1, B2, C e E, fibras, proteínas, lipídios, cálcio, potássio e apresenta um alto teor em calorias. É considerado um dos mais ricos alimentos da Amazônia, perdendo apenas para a castanha-do-pará.

Ainda sobre termos nutricionais pela Embrapa, o açaí apresenta a composição demonstrada pela tabela seguinte:

Tabela 1 - Teores nutricionais da Polpa de Açaí.

Componentes	%
Proteína	2,37
Gordura	5,96
Cálcio	0,05
Fósforo	0,033
Ferro	0,0009
Vitamina A	Traços
Vitamina B1	Traços

O Ministério da Agricultura, por meio da Instrução Normativa nº 37 de 08/10/2018, estabelece os padrões de identidade e as características mínimas de qualidade para a polpa de açaí. Desse dispositivo legal podem-se destacar os seguintes pontos:

Definição – Açaí, açaí clarificado, açaí desidratado são produtos obtidos da extração com água da parte comestível do fruto maduro das espécies vegetais: Euterpe oleracea e Euterpe precatória (açaí e açaí-açú).

Classificação – De acordo com a quantidade de água empregada no processo de extração da parte comestível, bem como etapas de elaboração subsequentes, o produto é classificado e denominado da seguinte forma:

Açaí, seguido do percentual de sólidos totais, é a bebida obtida a partir da parte comestível do fruto extraída com adição de água e filtração, preservando a cor, aroma o sabor característicos, além de quantidade mínima de compostos fenólicos antocianinas. O teor mínimo de sólidos totais para o açaí deverá ser de 8%.

Açaí clarificado é a bebida obtida a partir da parte comestível do açaí extraída com água e subsequente redução do nível de sólidos totais a valor igual ou inferior a 2%, por meio de processo tecnológico adequado, preservando a cor, aroma o sabor característicos, além de quantidade mínima de antocianinas.

Açaí desidratado, seguido do percentual de sólidos totais, é o produto obtido a partir da desidratação da parte comestível do açaí, previamente extraída com água, através de processo tecnológico adequado, devendo possuir concentração de sólidos totais não inferior a 96%, além de quantidade mínima de compostos fenólicos e antocianinas.

No processo de elaboração do açaí desidratado é permitido a adição de maltodrextrina, maltodextrina modificada, ou ambas, sendo de 20 % o teor mínimo de sólidos totais de açaí no produto final.

Ingredientes básicos:

O açaí, o açaí clarificado e o açaí desidratado devem ser obtidos de frutas frescas, sãs, maduras, atendendo às respectivas especificações, desprovidas de terra, sujidades, parasitas, insetos e microorganismos que possa tornar o produto improprio para o consumo.

A água utilizada para a extração deve ser água potável obedecendo aos Padrões de potabilidade estabelecidos em legislação específica.

Características físicas e químicas – a polpa de açaí deverá obedecer às seguintes características físicas e químicas:

Tabela 2- Características físico-química do Açaí.

Parâmetro	Mínima	Máxima
Sólidos totais (g/100g)	96	-
Açúcares totais naturais da fruta (g/100gms)	-	5
Polifenóis Totais (g/100gms)	1,8	-
Antocianinas (g/100gms)	0,44	-

Proteínas (g/100gms)	7	-

Obs.: gms = gramas de matéria seca

Características organolépticas – a polpa do açaí deverá obedecer às seguintes características organolépticas:
Aspectos físicos - líquido e translúcido, baixa viscosidade, isento de precipitações.
Cor - roxo violáceo próprio.
Sabor - não adocicado e não azedo.
Cheiro: característico

7. Desenvolvimento Sustentável

O surgimento do desenvolvimento sustentável tem sua origem no Clube de Roma, um projeto ambicioso que, em 1968, propôs avaliar os problemas da magnitude do sistema social, os quais, segundo Margolin (1996), abrangem a pobreza, o dano ambiental, o aumento desordenado da urbanização, a instabilidade no emprego, a desconfiança nas instituições, a alienação da juventude, a recusa dos valores tradicionais, a inflação, entre outras rupturas econômicas e monetárias.

Para Acselrad (2004), a sustentabilidade é um discurso emprestado das ciências biológicas que fazem uma analogia entre os processos biológicos e os processos econômicos estruturados pela produção excedente. Esta definição é resumida nas palavras de Acselrad:

> A noção de "sustentabilidade" da Biologia pensou os sistemas vivos como compostos de um "capital/estoque" a reproduzir e de um "excedente/fluxo" de biomassa, passível de ser apropriado para fins úteis sem comprometer a massa de "capital" originário. (ACSELRAD, 2004. p. 2)

A relevância de trazer o discurso de Acselrad para este espaço é justificada pelo fato do autor abordar a sustentabilidade por outro viés, diferente da maioria dos teóricos sobre o tema. Em sua grande maioria, o cerne da sustentabilidade gira em torno dos recursos naturais e da possibilidade da sua finitude. Não dirimindo a importância destes aspectos, Acselrad observa a sustentabilidade priorizando a sociedade. O autor Acselrad (2004) admite que o maior problema da sustentabilidade não está relacionado com o meio ambiente, mas sim em como a sociedade interpreta a aquisição e uso dos recursos naturais.

No entendimento do autor, a sustentabilidade está alicerçada muito mais nas questões sociais do que ambientais. O problema da sustentabilidade não é o meio ambiente, o problema é como a sociedade utiliza o meio ambiente e como estas relações de apropriação dos recursos naturais se configuram no tecido social.

Viana (1999), por sua vez, considera que a expressão mais coerente para nomear o fenômeno seria "envolvimento sustentável". Isso porque o termo desenvolver, segundo o dicionário Michaelis apud Viana, corresponde a "tirar o invólucro, descobrir o que estava encoberto".

O autor alega que algumas ações relacionadas ao desenvolvimento sustentável, como por exemplo a conservação das reservas ambientais, precipitam a saída das populações tradicionais de suas terras. Neste sentido, desenvolver significa tirar a comunidade do seu contexto ambiental, cultural, social e econômico. Nas palavras de Viana:

> Por envolvimento sustentável poderíamos entender o conjunto de políticas e ações direcionadas para fortalecer o envolvimento das sociedades com os ecossistemas locais, fortalecendo e expandindo os seus laços sociais, econômicos,

culturais, espirituais e ecológicos; com o objetivo de buscar a sustentabilidade em todas essas dimensões. (VIANA, 1999. p. 3)

O autor destaca, ainda, um outro aspecto de suma importância para o "envolvimento sustentável", que é o respeito com o saber das populações tradicionais. Segundo Viana (1999), estes conhecimentos, que abrangem a história das florestas, sua variabilidade geográfica, taxonomia, ecologia e usos e manejo das espécies de plantas e animais, colaboram para conservar os ecossistemas naturais de maneira mais efetiva do que o padrão convencional.

Viana recomenda que para conservar os ecossistemas florestais é necessário o envolvimento dos moradores da floresta para elaborar as estratégias ambientais com base nos conhecimentos tradicionais.

8. Produção na Extração de Açaí (Fruto) nos anos 2011 e 2017

Segundo dados do Instituto Brasileiro de Geografia e Estatística - IBGE, com a divulgação dos resultados da Produção da Extração Vegetal e da Silvicultura – PEVS-2017, a produção total de frutos de açaí das duas espécies ocorrentes nas distintas regiões do Brasil foi 219.885 toneladas, sendo 50.503 toneladas pelos 62 municípios produtores que compõem o Estado do Amazonas. Comparando a produção de açaí em toneladas nos anos de 2011 a 2017, do Estado do Amazonas com outros estados do Brasil, entre estes o Pará e o Maranhão, observou-se que o Amazonas ocupava o segundo lugar na produção nacional (Figura 1-A), no ano de 2011. No ano de 2017, continuou, mas a quantidade produzida de açaí (fruto) diminuiu para 50.503 t, ficando ainda atrás do estado do Pará que obteve uma produção anual de 141.913 t, e a frente do Estado do Maranhão cuja produção foi de 18.330 t, segundo dados do IBGE nos anos de 2011 e 2017 (Figura 1-B).

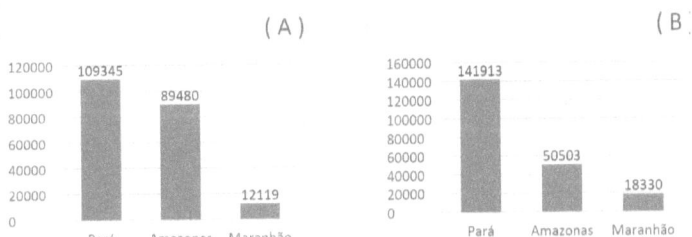

Figura 1. Quantidade produzida na extração de açaí (fruto) de Euterpe precatoria Mart. em toneladas nos estados do Brasil nos anos de 2011 (A) e 2017 (B). Fonte: <www.ibge.gov.br>.

No que se refere aos 62 municípios produtores do estado do Amazonas no ano de 2017 (Figura 2), apenas 12 municípios se destacaram por apresentarem maior quantidade em toneladas provenientes da extração do açaí (fruto), sendo o mais produtivo o município de Codajás com 12.000 toneladas, seguido por Tapauá com 5.660 t e Lábrea com 5.500 t, segundo dados do IBGE.

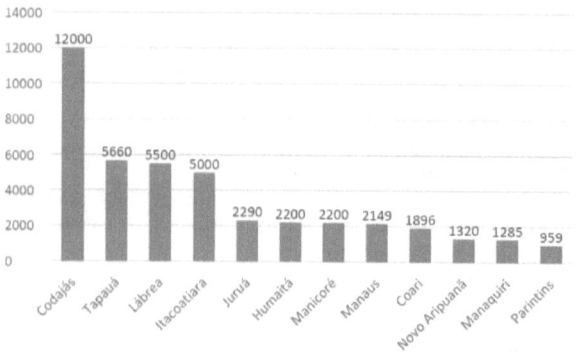

Figura 2. Quantidade produzida na extração do açaí (fruto) em toneladas nos 12 municípios do Amazonas ano de 2017. Fonte: <www.ibge.gov.br>.

Na comparação feita da produção de açaí em toneladas entre os municípios nos anos de 2011 a 2017, o município de Itacoatiara constava em segundo lugar, em primeiro encontrava-se Codajás, em terceiro Anori, e Coari em quarto (Figura 3). No ano de 2017, novo levantamento mostrou que o município de Codajás continuou como líder do mercado de produção de açaí no estado, mas diminuiu para 12.000 t, seguido de Tapauá, que em relação a 2011 não vinha sendo citada como potencial produtora e em 2017 se destacou com uma produção de 5.560 t. O município de Lábrea em 2011 também não constava na lista dos mais produtivos, no entanto em 2017 ficou em terceiro lugar com 5.500 t, seguido pelo município de Itacoatiara, o qual houve diminuição para 5.000 toneladas (Figura 3).

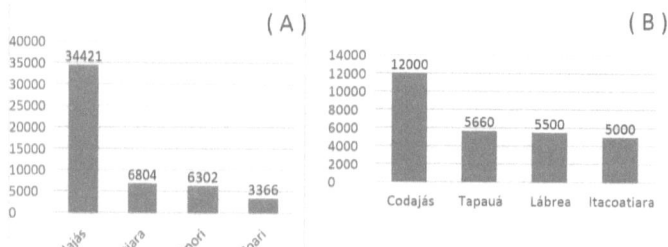

Figura 3. Comparações das quantidades produzidas na extração do açaí (fruto) em toneladas nos anos: 2011 (A) e 2017 (B) nos municípios do Amazonas. Fonte: <www.ibge.gov.br>.

No que se refere Município de Codajás/AM, ressalta-se algumas informações que contribuíram para o desenvolvimento na produção do açaí no Município de Codajás. No final do exercício de 2004 foi celebrado o Contrato nº 4806/2004, que tinha como finalidade executar o projeto de Revitalização da Cadeia Produtiva do Açaí, no Município de Codajás/AM, visando contribuir na busca de novas técnicas de produtividade e ferramentas de gerenciamento capaz de tornar o produto competitivo no mercado e agregar valor aos produtos da região. Pode-se destacar o Apoio a gestão da Unidade Agroindustrial de Açaí de Codajás/AM e Pesquisa e melhoramento genético da cultura do Açaí. Isso fez com que se alavancasse o crescimento na produção do açaí, contribuindo para a economia do município e do Estado.

9. Possibilidades de Desenvolvimento

Apesar de várias limitações, a exploração do açaí, como produto que possibilita o crescimento sustentável da região, apresenta inúmeras possibilidades que justificam sua implementação com maior expressividade nos municípios produtores do Amazonas. Dentre elas destacam-se:

Possibilidade de incremento na renda dos ribeirinhos, valorização da cultura local, crescimento de produtos artesanais, aquecimento do mercado local, crescimento do número de empregos diretos e indiretos, possibilidade de melhorar a alimentação do ribeirinho, atividades embasadas em preservar a natureza, garantir um desenvolvimento regional de forma sustentável, investimentos em pesquisas etc.

A partir dos investimentos no incremento da produção do açaí, os municípios produtores cresce em qualidade de vida, pois a oferta de empregos aumenta, estes geram renda e consequentemente aquecem a circulação de dinheiro no mercado interno dos municípios. Assim, planejar estrategicamente a região para alternativas possíveis e viáveis de incremento da economia torna-se uma exigência para se pensar em desenvolvimento sustentável para a região.

Assim, a possibilidade de aumentar consideravelmente as exportações torna este setor um grande atrativo para os investidores e para a população local. Os investimentos em tecnologia e através de cooperativas fortes garantem uma maior produtividade e beneficiam o pequeno produtor.

Outra grande possibilidade de desenvolvimento sustentável da região a partir da exploração do açaí é o crescimento de produtos alternativos e artesanais. Do fruto do açaí se aproveita tudo. Os investimentos em oficinas e cursos de artesanato deveriam fazer parte dos planejamentos das prefeituras para incentivar esta prática que além de valorizar os produtos regionais, gera renda, não degrada a natureza e aquece o turismo na região.

Além de apresentar um excelente potencial econômico, a exploração do açaí é uma forma do ribeirinho preservar o ambiente em que vive e tirar seu sustento sem degradar desordenadamente a região. Num mercado que cresce bastante a exigência de produtos "verdes" pela população, onde a forma de exploração é condição para o consumo, a extração do açaí torna-se cada vez mais cobiçada pela população.

O Açaí pode ser explorado de diversas formas. A mais comum é a extração do vinho que se tornou mania nacional. Porém da palmeira do açaí até o caroço pode-se aproveitar para desenvolver outras atividades econômicas. O artesanato é um dos caminhos para a utilização do fruto e da palha do açaizeiro. O caroço também serve para a formação de adubos naturais, xaxins, remédios homeopáticos, entre outros produtos considerados de extrema importância para alavancar a condição socioeconômica da região.

O consumo da polpa do açaí pelo ribeirinho garante uma alimentação saudável e farta. Durante anos este fruto é consumido pela população e proporciona uma melhoria considerável na qualidade de vida da população.

Assim, além de proporcionar um aquecimento na economia regional, o consumo do açaí é uma prática que aumenta a possibilidade de longevidade dos ribeirinhos. As possibilidades são enormes.

10. Conclusão

As frutas amazônicas em geral têm, hoje, apelo comercial no Brasil e no mundo, pela curiosidade que despertam e pelos sabores únicos cada vez mais apreciados no mundo inteiro. O açaí é hoje uma das mais conhecidas dentre as frutas locais que tem contribuindo na pauta da exportação do centro. Apesar disso, poucos estudos e registros a respeito de tal produção tem sido efetuado. Essa forma de trabalho se apresenta para algumas famílias, ora como a principal fonte de renda e para outros, como complemento da renda familiar, visto que outros membros da família contribuem para a renda familiar através do trabalho informal nos municípios do Amazonas.

A exploração do açaí representa uma possibilidade de alavancagem da economia dos municípios produtores e garante atividades lucrativas através de investimentos em desenvolvimento sustentável na região. Porém, apesar desta potencialidade e do aumento significativo na produção e exportação da polpa deste fruto, os municípios produtores do Amazonas apresentam infraestrutura deficitária, mão-de-obra artesanal, dificuldades na logística e falta de pesquisas para o aumento da produtividade.

A região aumentou o número de empregos diretos neste setor e cresceu também a quantidade de exportação. Em contrapartida o índice de desenvolvimento humano continua um dos mais baixos do estado do Amazonas. A falta de investimentos para o incremento da produtividade e a forma insipiente de planejar estrategicamente este setor dificulta o processo de alavancagem da economia local.

Verifica-se que na região cresce o número de produção artesanal de materiais provenientes da palmeira do açaí e paralelamente aquece as vendas de produtos "verdes". O incremento da renda familiar e a possibilidade de garantir material sem degradar o ambiente são as principais características da população ribeirinha.

Além de apresentar um excelente potencial econômico, a exploração do açaí é uma forma do ribeirinho preservar o ambiente em que vive e tirar seu sustento sem degradar desordenadamente a região. Num mercado que cresce bastante a exigência de produtos "verdes" pela população, onde a forma de exploração é condição para o consumo, a extração do açaí torna-se cada vez mais cobiçada pela população.

O Açaí pode ser explorado de diversas formas. A mais comum é a extração do vinho que se tornou mania nacional. Porém da palmeira do açaí até o caroço pode-se aproveitar para desenvolver outras atividades econômicas. O artesanato é um dos caminhos para a utilização do fruto e da palha do açaizeiro. O caroço também serve para a formação de adubos naturais, xaxins, remédios homeopáticos, entre outros produtos considerados de extrema importância para alavancar a condição socioeconômica da região. As possibilidades são enormes.

Acredita-se que a partir de um planejamento estratégico para os municípios produtores, a exploração do açaí torna-se um caminho possível para alcançar a melhoria da qualidade de vida da população a partir de uma forma de desenvolvimento sustentável.

11. Referências

NEUMANN, R.P.; HIRSCH, E. 2000. Commercialization of Non Timber Forest Products: Review and Analysis of Research. CIFOR; FAO. Bogor, Indonésia. p.176.

OLIVEIRA, M.S.P.; CARVALHO, J.E.U.; NASCIMENTO, W.M.O. 2000. Açaí (Euterpe oleracea Mart.). Jaboticabal: Funep, p. 52. (Série frutas nativas, 7).

PETERS, C.M. 1996. The Ecology and Management of Non-Timber Forest Resources. The World Bank Washington, D.C . Paper number 322. p.157.

HOMMA, A.K.O; NOGUEIRA, O.L; MENEZES, A.J.E.A; CARVALHO, J.E.U.; NICOLI, C.M.L; MATOS, G.B. 2006. Açaí: novos desafios e tendências. AMAZÔNIA: Ciência & Desenvolvimento v. 1, n. 2.

SANTANA, A.C.; CARVALHO, D.F.; MENDES, F.A.T. 2006. Organização e competitividade das empresas de polpas de frutas no Estado do Pará : 1995 a 2004. Belém: Unama.

NOGUEIRA, O.L. 2009. Introdução e importância econômica do açaí. Disponível em: <http://sistemasdeproducao.cnptia.embrapa.br/FontesHTML/Acai/SistemaProducaoAcai_2ed/paginas/intro. html>. Acesso em: 11 fev. 2019.

SANTANA, A.C. de. 2007. Índice de desempenho competitivo das empresas de polpa de frutas do Estado do Pará. Revista de Economia e Sociologia Rural. Rio de Janeiro, v. 45, n.03, p.523-549.

SANTANA, A.C. NOGUEIRA, A.K.N.; SANTANA, A.L.; FILGUEIRAS, G.C.; CARVALHO, D.F.; MENDES, F.A.T. 2007a. Agroindústrias de frutas da Amazônia: oportunidades no agronegócio. In: Semana da Fruticultura, Floricultura e Agroindústria, 2, Belém. Anais ..., Fortaleza, Instituto Frutal.

HOMMA, A.K.O. 2007. Agricultura na Amazônia: Desafios, Oportunidades e Limitações. In: Semana da Fruticultura, Floricultura e Agroindústria, 2, Belém, Anais, Fortaleza, Instituto Frutal.

PAGLIARUSSI, M.S.; SANTOS, M.O.; PESSOA, J.D.C.; KRONIG, T. 2011. Proposta de um modelo matemático para a cadeia produtiva agroindustrial de açaí no Pará. XLIII Simpósio Brasileiro de Pesquisa Operacional. Ubatuba – São Paulo, p. 400-411.

AMAZONAS. 2005. Secretaria de Desenvolvimento Sustentável do Estado do Amazonas (SDS): Cadeia produtiva do açaí no estado do Amazonas. MENEZES, M; PINHEIRO, M. R.; GUAZELL A.; MARTINS, F. SDS, Série Técnica Meio Ambiente, Vol;1 Manaus.

BENTES-GAMA, M. M.; RIBEIRO, G. D.; FERNANDES, C. F.; MEDEIROS, I. M. Açaí (Euterpe spp.): características, formação de mudas e plantio para a produção de frutos. Circular Técnica, Embrapa-RO. Porto Velho, 2005. Disponível https://www.infoteca.cnptia.embrapa.br/infoteca/bitstream/doc/859446/1/ct80acai.pdf Acessado: 03/2019.

CALZAVARA, B.B.G. Açaizeiro. Belém. EMBRAPA/CPATU, 1987. p.6 (EMBRAPA/CPATU. Recomendações Básicas, 3).

ROCHA, E. Potencial ecológico para o manejo de frutos de açaizeiro (Euterpe precatoria Mart.) em áreas extrativistas no Acre, Brasil. In: Acta Amaz. vol.34 no.2 Manaus 2004. Disponível em: http://www.scielo.br/scielo.php?pid=S0044-59672004000200012&script=sci_abstract&tlng=pt Acessado: 03/2019.

NOGUEIRA, O.L; CARVALHO, C.J.R. de; Muller, C.H; GALVÃO, E.U.P; SILVA, H.M; RODRIGUES, J.E.L.F; OLIVEIRA, M do S.P de; CARVALHO, J.E.U. de; ROCHA NETO, O.G. da; NASCIMENTO, W.M.O. do; CALZAVARA,B. B.G. A Cultura do Açaí. Brasília : EMBRAPA- SPI , 1995. 50p.(Coleção Plantar, 26).

OLIVEIRA, V. L. F.; MARTINOT, J. F.; PABST, E. W. Potencialidade de açaí e situação sócioeconômica em seis municípios na região do baixo Rio Solimões. In: Anais do Seminário de Geografia e Cultura. Ufam, Manaus, 2008.

SHANLEY; P; CYMERYS; M; GALVÃO, J. Frutíferas da mata na vida amazônica. Belém, 1998. p.127.

SILVA, S. E. L.; SOUZA, A. G. C.; BERNI, R. F. O cultivo do açaizeiro. Comunicado Técnico, Embrapa-AM. Manaus, 2005. Disponível em: https://ainfo.cnptia.embrapa.br/digital/bitstream/CPAA-2010/12528/1/Folder-acai.pdf Acessado: 02/2019.

GALOTTA, A. L. Q. A.; BOAVENTURA, M. A. D. Constituintes químicos da raiz e do talo da folha do açaí (Euterpe precatoria Mart., Arecaceae). Quím. Nova vol.28 no.4. São Paulo. 2005. Disponível em: http://www.scielo.br/scielo.php?script=sci_abstract&pid=S0100-40422005000400011&lng=en&nrm=iso. Acessado 01/2019.

PACHECO-PALENCIA, L.; DUNCAN, C.E.; TALCOTT, S. T. Phytochemical Composition and Thermal Stability of Two Commercial Açaí Species, Euterpe oleracea and Euterpe precatoria. Food Chemistry. Institute of Food and Agricultural Sciences – University of Florida, Food Chemistry, Vol. 115, No 4 pp. 1199-1205.Gainesville, 2009. Disponível em: https://pdfs.semanticscholar.org/aafa/9f0dc41d0a8f937d0d6f744eed1677e6f775.pdf. Acessado: 03/2019.

MARGOLIN, Victor. Design e a situação mundial. Design Issues v.12. n. 2. 1996. p.1.

ACSELRAD, Henri. Sustentabilidade e articulação territorial do desenvolvimento brasileiro. In: Seminário Internacional sobre Desenvolvimento Regional. Santa Cruz do Sul, RS. 2004. pp 2 e 4

VIANA, Virgílio M. Envolvimento Sustentável e Conservação Das Florestas Brasileiras. Ambiente & Sociedade.1999. pp. 1 e 3

IBGE, 2017. Produção da Extração vegetal e da Silvicultura-2017.<www.ibge.gov.br> acesso 18/02/2019

A RELAÇÃO DA EDUCAÇÃO DE JOVENS E ADULTOS E O MERCADO DE TRABALHO

Louise Marlyne Cordeiro Nistal

1. Introdução

Entre os brasileiros com 15 ou mais anos 57,14% não completaram o ensino fundamental ou ensino médio, visto como direito pela Constituição Federal de 1988, dos quais 65 milhões (40,15% da população) não possuem instrução ou não completaram o ensino fundamental, 27,5 milhões (16,98%) têm o ensino médio incompleto (IBGE, 2010).

Combinado com os dados do IBGE, ao observar PIERRO e JOIA (2001, pg. 64), "a entrada precoce dos adolescentes das camadas mais pobres no mercado de trabalho formal ou informal provocou a sua transferência para os programas de educação originalmente destinados à população adulta", compreende-se que uma parcela significativa da população com 15 anos ou mais não está escolarizada, e voltou à escola para receber o ensino médio na adolescência ou já na fase adulta.

Ainda, a piora da economia brasileira nos últimos anos acentuou essa defasagem escolar, tendo em vista a necessidade do jovem priorizar a procura de emprego para ajudar sua família, ou do adulto se dedicar em várias jornadas de trabalho para garantir o seu sustento e de seus familiares.

Programas e projetos para Educação de Jovens e Adultos, como os supletivos, foram solução encontrada para reverter essa defasagem ao longo da história e ainda hoje, no entanto, dos aproximadamente 70 milhões de brasileiros com 15 anos ou mais com baixa ou nenhuma escolaridade, somente 2 milhões se matriculam em programas ou projetos de educação de jovens e adultos, segundo pesquisa do Ministério de Educação (MEC), entre 1995 e 1998.

Por outro lado, há uma grande preocupação dos órgãos responsáveis pela educação certificar os jovens e adultos para que os mesmos estejam aptos a enfrentar essa realidade, marcada pela reestruturação do processo produtivo sob a forma de produção flexível ou toyotismo e o "o discurso neoliberal de quanto maior a educação maior a situação profissional e por decorrência econômica é imperativo" (ROMANZINI, 2011, pg. 9).

Considerando o exposto, um estudo dos atuais programas e projetos voltados a Educação de Jovens e Adultos, no qual seja possível mensurar a relação entre estes e o mercado de trabalho torna-se imprescindível. Ainda, considerando o município de Manaus e o parque industrial instalado em virtude da Zona Franca de Manaus, é notória a importância de uma pesquisa com a proposta de aprofundar sobre o assunto e colher informações que subsidiem o debate e a análise das ações que vêm sendo desenvolvidas pelo Estado na educação de jovens e adultos brasileiros, principalmente os do município de Manaus.

Sendo assim, diante desses argumentos formulo as seguintes questões de estudo: de que forma os programas e projetos da educação de jovens e adultos são importantes para inserção dos alunos no mercado de trabalho? Qual o impacto da melhoria no nível de emprego na procura dos programas e projetos da Eja?

Assim, a pesquisa teve como objetivo geral, traçar a relação entre a EJA e o mercado de trabalho na cidade de Manaus; e os seguintes objetivos específicos: a) traçar o perfil do EJA no Brasil; b) identificar a relação entre o eja e o mercado de trabalho; e c) percepção dos alunos acerca da importância da EJA na formação e preparação de mão-de-obra para o mercado de trabalho.

Para tanto, optou-se por desenvolver um projeto de pesquisa descritiva, que segundo Cervo, Bervian e da Silva (2007, pg. 79), ocorre quando se registra, analisa e correlaciona fatos ou fenômenos, sem manipulá-los. Para tanto, fez uma pesquisa bibliográfica que "constitui o procedimento básico para os estudos monográficos, pelos quais se busca o domínio do estado da arte sobre determinado tema" (CERVO; BERVIAN; DA SILVA, 2007, pg. 61) e uma pesquisa documental, caracterizada por valer-se de

> "materiais que não receberam ainda um tratamento analítico, ou que ainda podem ser reelaborados de acordo com os objetos da pesquisa. Além de analisar os documentos de "primeira mão" (documentos de arquivos, igrejas, sindicatos, instituições etc.), existem também aqueles que já foram processados, mas podem receber outras interpretações, como relatórios de empresas, tabelas etc. (GIL, 2002, pg. 45 a 47).

Neste sentido, iniciou-se pela pesquisa bibliográfica, na qual foram debatidos os conceitos, a origem e o desenvolvimento no Brasil da Educação de Jovens e Adultos, por meio dos seguintes artigos e livros: A Metodologia de Ensino Utilizada pelos Professores da EJA - 1º Segmento - em Algumas Escolas da Rede Municipal de Ensino de Curitiba, de Joelma Batista da Silva e Nara Regina Becker Ploharski (2011); Estudo da Política da Educação de Jovens e Adultos (EJA) no Brasil, de Marcia Molina Cavalcanti e Johnson Pontes de Moura (2017); Os Movimentos de Educação Popular da Década de 60 e suas Contribuições para a EJA, de Ronney Feitoza; e Que Fazer: Teoria e Prática em Educação Popular de Paulo Freire e Adriano Nogueira (1993).

A pesquisa bibliográfica também foi fundamental para análise da relação existente entre educação e economia, na qual se utilizou os seguintes textos: Educação e Conhecimento: Eixo da Transformação Produtiva com Equidade, de IPEA/CEPAL/UNESCO (1995); Aspectos Regionais da Educação e Competitividade, de Melyse Amaralina da Silva Cordeiro (2006); Educação e Obtenção de Empregos Industriais no Brasil: Para um Modelo Causal Aprimorado, de Rainer H. Lehmann e Robert E. Verhine (1986); e Políticas Sociais no Brasil: a Questão do Direito à Educação, de Selma Suely Baçal de Oliveira e Sônia Selena Baçal de Oliveira (2006).

Para entender a realidade do EJA em Manaus, foi realizado um questionário com os alunos do EJA em uma visita à Escola Estadual Prof Agenor Ferreira Lima, na qual foi possível observar a realidade de uma escola voltada ao EJA.

O projeto, assim, é um estudo descritivo, no qual, ao se confrontar o referencial teórico, construído pela pesquisa bibliográfica, com os dados colhidos por meio da pesquisa documental, foi possível elaborar prognóstico da inserção dos alunos do EJA no mercado de trabalho.

2. Perfil da EJA

A Educação de Jovens e Adultos no Brasil possui como alunos, segundo Cavalcanti et al, pg. 9, 2017: jovens com idade entre 15 e 18 anos de idade, em sua maioria infratores ou aqueles que precisaram largar os estudos cedo para poder trabalhar; pessoas de periferia; e idosos que abandonaram os estudos ou nunca entraram em sala de aula. O perfil apresentado aponta pela relação entre a situação econômica dos alunos com a dificuldade dos mesmos em concluir a educação regular, implicando na busca, futura, do ensino nos programas de EJA.

Ao se considerar que as classes mais favorecidas têm acesso a uma boa escola e as menos favorecidas param os estudos para trabalhar, há a necessidade, segundo Cavalcanti et al, pg. 9, 2017, dos programas e projetos de EJA. Em outras palavras, o EJA torna se essencial, para proporcionar às classes menos favorecidas a conclusão dos estudos, interrompidos pelas condições econômicas.

Ainda, Cavalcanti aponta que,

Deve-se considerar a necessidade de consolidar a alfabetização funcional dos indivíduos, pois estudos atuais indicam que é preciso uma escolaridade mais prolongada para se formar usuários da linguagem escrita capazes de fazer dela múltiplos usos, com o objetivo de expressar a própria subjetividade, buscar informação, planejar e controlar processos e aprender novos corpos do conhecimento (CAVALCANTI eu al, pg. 8, 2017).

Dessa forma, deve-se observar a necessidade da escolarização por um período prolongado, indo além da alfabetização, para que o aluno possa entender a realidade em que está inserido, desenvolver as ferramentas necessárias para que, de uma maneira ativa, possa imprimir mudanças sob esta realidade.

Almeida et al, pg. 1284, 2015, caracteriza a EJA como "uma trajetória histórica de ações descontínuas, marcada por uma diversidade de programas, muitas vezes não caracterizada como escolarização". No Brasil, os programas e projetos de EJA sofrem com diversos contratempos como a descontinuidade causada em grande parte pelas trocas de políticas governamentais, falta de recursos e estrutura, falta de capacitação de professores na área de EJA, resultando na pouca procura e evasão de estudantes.

Deve-se salientar, no entanto, que a Educação de Jovens e Adultos surge independente das ações governamentais,

a EJA apresenta-se como faceta da Educação Popular (EP), em pelo menos três sentidos básicos: como Educação Popular, destinada àqueles que não tiveram oportunidades educacionais em idade própria ou não tiveram de forma suficiente, diretriz seguida pelas iniciativas oficiais, percebendo escolarização/suplência; a educação destinada às camadas populares, aqui incorporando também as iniciativas dos movimentos sociais populares e ainda, a educação das séries fundamentais, extensivas a toda população (FEITOZA, pg. 4).

Assim, percebe-se que por meio dos movimentos populares, organizações não-governamentais e outras ações sociais, aqueles que não puderam concluir seus estudos podem ser educados por meio de iniciativas como a da Educação Popular, que por sua vez desenvolve diretrizes formalizadas e oficializadas por meio de ações governamentais, configurando-se na EJA.

A institucionalização da Educação Popular na forma do EJA apresenta-se como um direito. Como explana Almeida et al, pg. 1284, 2015, "precisa ter assegurado o direito público subjetivo à educação, a partir de uma perspectiva que lhe possibilite a educação com uma condição que se efetive ao longo de toda a vida".

Almeida et al, pg. 1284, 2015, apresenta ainda uma característica da EJA que o relaciona com a Educação Popular e o torna diferenciado da educação regular:

A heterogeneidade peculiar a esta modalidade de ensino faz com que o espaço do diverso seja repleto de riqueza social e cultural. Há aspectos que fazem desses estudantes seres ímpares que, por meio de suas histórias de vida, de suas memórias e representações, preenchem o cotidiano da Educação de Jovens e Adultos e, por sua vez, precisam ser preenchidos por "escolas" e outros espaços que entendam as suas particularidades. O adulto, ao ser considerado como um sujeito em constante transformação e, portanto, inacabado (FURTER, 1981; SILVA, 2004; SOUSA, 2007, 2008; CORDEIRO, 2009 apud ALMEIDA et al, pg. 1284, 2015).

Dessa forma, para compreender melhor a importância das modalidades de ensino que englobam jovens e adultos, é fundamental reconhecer as diversidades entre os indivíduos, bem como a importância de utilizar como ferramenta aliada do processo ensino/aprendizagem as vivências de cada aluno, que traz consigo conhecimentos prévios adquiridos ao longo da vida que diferem dos conhecimentos oriundos dos alunos em idade escolar normal, sendo imprescindível a implementação de estratégias de ensino adequadas a sua realidade.

A vida política e a escola possuem uma estreita relação, como se observa na Educação Popular vista como "esforço de mobilização, organização e capacitação das classes populares; capacitação científica e técnica.[...] ou seja, é preciso transformar essa organização do poder burguês que está aí, para que se possa fazer escola de outro jeito." (FREIRE et al, pg. 19, 1993).

Nesse sentido, a educação popular tem como força propulsora a mobilização de pessoas em prol da educação como forma de melhorar qualidades de vidas para pessoas que antes não tiveram oportunidades ofertadas, ela depende da união de indivíduos dispostos a compartilhar conhecimento, tempo e experiências de vida, como ferramenta de transformação social.

Ao longo do desenvolvimento da EJA, podem ser citados três momentos da história, a saber: a) década de 1930, com o processo de industrialização e a invasão dos centros urbanos pela população rural, bem como a afirmação do sistema de ensino educacional, ensino gratuito, implicando no crescimento da educação elementar estimulada pelo governo federal (CAVALCANTI et al, pg. 6, 2017); b) finais dos anos 1950, a educação, as questões da cultura e da educação popular eram focos do populismo e das plataformas políticas (FEITOZA, pg. 5); c) anos 1958-64, surgiram nessa época novas idéias pedagógicas, "para alguns, a educação de adultos contribuiria para prevenir a subversão; outros advogavam ser ela crucial para conter as massas e as correntes migratórias" Havia também as posições que articulavam a educação de adultos às lutas por democracia, tendo Paulo Freire como expoente (FEITOZA, pg. 7).

Observando o último ponto, o diálogo era a base constitutiva do pensamento de Paulo Freire, o qual enfatiza os processos comunicativos, redefinindo a relação professor/aluno, educador/educando, desta forma o aluno passa a ser o sujeito das ações educativas (FEITOZA, pg. 9). Assim, é fundamental salientar a importância do diálogo entre aluno e professor, sendo o professor um mediador do processo de aprendizagem e colocando o aluno em evidência deste processo, tendo as linhas de comunicação como uma ferramenta de construção de conhecimento.

Ainda, a Educação de Jovens e Adultos (EJA), por muitos anos deixou de observar as peculiaridades e particularidades dos alunos, como se esses fossem um grupo homogêneo. Esta característica, segundo JULIÃO et Al, 2017, pg 54, se atribui a inexistência de "um Projeto Político Institucional nas Secretarias de Educação e pela ausência na institucionalização das práticas políticas, administrativas e pedagógicas na implementação da EJA"

Na contramão desta realidade, o EJA é pensado como investimento na atual geração, em virtude desse grupo, não apenas a nova geração, ser responsável pelo desenvolvimento do país, visto a participação dos mesmos na vida política e cultural da sociedade, devendo, portanto ir além da lógica do mercado (DI PIERRO, 2016).

Nesse sentido, ressalta COSTA (2013, pg. 101) que
o atual contexto requer que a educação de jovens e adultos resgate os princípios freirianos de educação que nega a concepção bancária de ensino e por isso considera a escola não somente um espaço na qual se trabalha conteúdos, mas um espaço também crítico e criativo, preocupado em educar as pessoas para a possibilidade de sonhar um outro mundo possível, mostrando claramente que a escola é um espaço de luta e esperança (GADOTTI, 2008). A esperança aqui é entendida no dizer de Freire (2006) como uma necessidade ontológica do ser humano. Porém, não é esperança na pura espera, é luta coletiva e ação articulada dos sujeitos históricos para transformar a ordem vigente (COSTA, 2016, pg. 101).

Apesar da evolução e transformações da EJA, na VI Conferência Internacional de Educação de Adultos (VI CONFINTEA), em 2009, foram apresentados dados da EJA no Brasil, com base na Pesquisa Nacional por Amostragem de Domicílios (PNAD) de 2006, na qual revelava, segundo JULIÃO et Al, 2017, pg 49-50: .

a necessidade de construir um sistema educacional que melhore a qualidade do ensino oferecido em todas as modalidades, contemplando a EJA;

políticas orientadas para a superação das desigualdades educacionais e sociais;

aumento de 59% para o conjunto de matrículas do Ensino Fundamental, passando a representar 10,5% das matrículas do país, entre 1997 a 2006;

nos Anos Iniciais do Ensino Fundamental, este crescimento foi de 65%, enquanto nos Anos Finais foi de 55%, em virtude do crescimento na rede municipal, cuja participação no total de matrículas no Ensino Fundamental de EJA saltou de 26,4% para 59,2%, entre 1997 e 2006;

crescimento de 344%, de 1997 a 2006, quanto ao atendimento de EJA no Ensino Médio,enquanto o crescimento das matrículas no Ensino Médio regular foi de apenas 39%, em virtude da ampliação do crescimento do atendimento pela rede estadual, responsável por este nível de ensino.

Ainda, JULIÃO et Al, 2017, pg 50, aponta para evolução da EJA nos anos posteriores:

em 2007, o Censo Escolar indicou queda nas matrículas da EJA, redução de quinhentas mil matrículas em relação a 2006;

De 2012 para 2013 houve uma redução de 20% quando foram registradas 3.906.877;

Em 2014, a redução foi de 0,56% em comparação a 2013, que tinha 3.102.816 matrículas;

em 2015, redução de 9,48%, em comparação com 2014, quando foram registradas 3.085.304.

Para o referido autor existe uma relação inversa entre a demanda por vagas na EJA e na oferta de vagas e alunos matriculados no Ensino Médio regular. Ainda, no período compreendido entre os anos 2007 à 2015, a redução ocorreu também em virtude por conta da criação de vários programas e mudança do perfil social.

Ao lado dos dados apresentados, para SILVA, 2017, pg 37-38, a prática da EJA no Brasil ainda carece de

fiscalização, gerenciamento, melhor administração, investimento, disponibilização de recursos materiais e capacitação dos recursos humanos, para atender às necessidades desse grupo historicamente excluído da sociedade e que ainda sofre com a reprodução dos preconceitos existentes nas relações sociais. [...] Na prática, nos cursos de formação de professores não há preparo para lidar com os diferentes saberes e percepções que o aluno da EJA apresenta, os programas governamentais não chegam a todos, e principalmente, as políticas públicas não se preocupam de fato com o aumento qualitativo de melhorias para a alfabetização de jovens e adultos. [...] A modalidade do EJA precisa ser vista para além da alfabetização e da prática discriminatória, pois ensinar jovens e adultos não se trata de ensiná-los a ler e escrever seu próprio nome ou desenvolver atividades isoladas da atualidade e da realidade em que vivem. É oferecer uma escolarização ampla, de qualidade em todos os sentidos e que os permita estarem mais preparados para o mercado de trabalho, para a prática social e a consciência de uma cidadania como ação transformadora das estruturas sociais (SILVA, 2017, pg 37-38).

Essa realidade contrasta com a importância recebida pela EJA na Lei de Diretrizes e Bases da Educação – Lei nº 9394/1996 (LDB), na qual a modalidade passa a ser concebida como parte da Educação, e a transformou de uma concepção de oferta aligeirada, compensatória e supletiva, e lhe "foi conferido um lugar de destaque que pressupõe e reafirma o direito de jovens e adultos à escolaridade, responsabilizando o Estado pela sua oferta"(JULIÃO et Al, 2017, pg 42)

Nesse sentido o governo federal elaborou diversos programas, onde

são oferecidos cursos de educação geral e formação profissional inicial, vinculados à concessão de renda mínima por período determinado, como o Agente Jovem e o Programa Nacional de Inclusão de Jovens (PROJOVEM). Outros programas estão relacionados à formação geral e profissional, sem vínculo, com renda mínima, como o Programa Nacional de Integração da Educação Profissional com a Educação Básica na Modalidade de Educação de Jovens e Adultos (PROEJA); de ampliação da escolarização de profissionais de áreas específicas, como o Projeto de Profissionalização dos Trabalhadores da Área de Enfermagem (PROFAE) e o Programa Nacional de Educação na Reforma Agrária (PRONERA) (ALMEIDA, 2016, pg. 623).

Assim como a evolução da EJA e dos diversos programa, JULIÃO et Al, 2017, pg 47, a modalidade também passou por diversas formas de avaliação,

Com a instituição do novo Exame Nacional do Ensino Médio (ENEM), a partir de 2009, o ENCCEJA passou a ser realizado visando à certificação apenas do Ensino Fundamental, pois a certificação do Ensino Médio passou a ser realizada com os resultados do ENEM. Conforme previsto pelo governo Temer, a partir de 2017, o ENEM deixa de conferir certificados para conclusão do Ensino Médio, retornando para o ENCCEJA a sua responsabilidade inicial. " (JULIÃO et Al, 2017, pg 47).

Apesar da EJA estar no roll das prioridades do governo federal, bem como haver 13 milhões de analfabetos, o equivalente à 8,3% da população com 15 anos ou mais, o Programa Brasil Alfabetizado no MEC, no ano de 2016, foi bloqueado, limitando-se a atender 168 mil alunos, bem como cortes no orçamento para o referido ano no valor de R$ 120 milhões, referente aos projetos Brasil Alfabetizado, Educação de Jovens e Adultos (EJA) e Pro Jovem (PINHO, 2016).

Ao mesmo tempo em que há o bloqueio de novas matrículas e corte no orçamento dos Programas, a EJA enfrenta outros problemas: "pouca integração com a EJA (antigo supletivo) é uma das explicações para resultados negativos do programa, ao lado da baixa qualificação de educadores" (PINHO, 2016).

Em paralelo, entre os anos de 2007 à 2015, houve uma redução na procura dos adultos por instrução. Em entrevista à revista Época, DI PIERRO, 2016, aponta quatro hipóteses para tal fenômeno, a saber:

Mercado de Trabalho: em período de crescimento econômico a mão de obra, mesmo com baixa qualificação é absorvida pelo mercado, por outro lado, quando há problemas na economia, aumenta o desemprego, principalmente da mão de obra com baixa qualificação, levando a um aumento na procura pela EJA. A autora ainda pondera que entre os anos de 2007 e 2013, quando o país vivenciou crescimento econômico, "a pressão no mercado de trabalho não estaria operando em favor de as pessoas retomarem o estudo. Se for essa a lógica, deveremos verificar um aumento da procura por matrículas nos próximos anos" (DI PIERRO, 2016);

Cultura do Direito à Educação ao Longo da Vida: enquanto não se aceita que uma criança não tenha direito à educação, o mesmo não ocorre com os adultos. A autora apresenta um exemplo, "Uma mãe analfabeta, com muito baixa escolaridade, vai brigar pelo direito do filho a ter uma vaga na escola. Mas provavelmente não brigará pela dela" (DI PIERRO, 2016). Mobilizar adultos para voltar estudar é uma tarefa complexa tendo em vista que outras esferas da vida, trabalho, família, atuação social e prática religiosa, competem com a educação. A autora propõe que o governo deveria se manifestar não apenas pelo Diário Oficial a abertura das matrículas da EJA, mas pelos novos meios de comunicação, mensagem de celular, rádio, televisão e internet;

Inadequação da Política Pública: um dos problemas é o financiamento insuficiente, visto que apesar de a EJA estar incluída no Fundeb, por esta modalidade corresponder à 80% do que vale a matrícula de um aluno na primeira fase do ensino fundamental urbano, há um desestímulo dos dirigentes de ensino a investir nessa modalidade educacional. Outro ponto de inadequação política segundo a autora é que o governo federal cria programas como o Brasil Alfabetizado ou o Pronatec [Programa Nacional de Acesso ao Ensino Técnico e Emprego], e os governos estaduais e municipais optam ou não por aderir a eles. Aqueles que quiserem receber recurso federal para implantar uma iniciativa têm de aderir ao programa completo. Esse é um problema, a meu ver. O pacote inteiro pode não ser adequado ao contexto daquela região, daquele município. Cada um desses programas tem um formato, uma lógica e requer uma burocracia de gestão. Alguns municípios pequenos, com sistemas de administração precários, muitas vezes não têm condições de cumprir a burocracia exigida. Isso ocorre com o Brasil Alfabetizado. Uma bolsa para o alfabetizador que pode ser atrativa no Piauí não é em São Paulo (DI PIERRO, 2016).

Qualidade da EJA: muitos dos cursos de EJA reproduz a escola da criança e do adolescente, pouco dialoga com a cultura e as necessidades do perfil dos alunos da EJA. Muitos desses cursos são ofertados no turno da noite, com currículo e carga horário rigoroso, não atraindo os alunos da EJA.

A diminuição por matrículas na EJA no período de 2007 à 2015 também pode ser observado nas estatísticas apresentadas pelo Ministério da Educação quando se trata do Programa Brasil Alfabetizado,

Lançado em 2003, o Brasil Alfabetizado é um programa de fluxo contínuo, organizado por ciclos e com duração de oito meses. No Plano Plurianual 2016/2019, a meta de alfabetizandos por ciclo era de 1,5 milhão. No entanto, o atendimento no Brasil Alfabetizado vem diminuindo a partir 2013, quando abriu vagas para 1.113.450 alfabetizandos. Em 2014, o número de vagas caiu para 718.961 e em 2015, com execução em 2016, despencou para 168 mil atendidos (MEC, 2018).

Ainda, a gestão do Programa identificou problemas na execução deste, uma vez que em média a alfabetização compreende 50% dos alunos, dos quais apenas 7% dos alfabetizandos continuam na EJA. Para dirimir as falhas, o MEC discute as dificuldades do referido modelo com vários segmentos da sociedade, educadores, gestores, sociedade civil (MEC, 2018).

Em relação ao investimento do governo federal na educação dos jovens e adultos, deve-se destacar que os recursos foram descentralizados para os Estados e Municípios, inicialmente com prioridade às localidades de baixo IDH, universalizando o apoio a todas as unidades da federação a partir de 2005 (IRELAND, 2012).

Ao mesmo tempo, com intuito de articular os diversos programas de alfabetização e os relacionados com a Educação de Jovens e Adultos, em 2008, o governo federal lançou a Agenda Territorial de Desenvolvimento Integrado de Alfabetização e Educação de Jovens e Adultos,

incentivando e induzindo a implementação de Comissões Estaduais de Alfabetização e Educação de Jovens e Adultos incumbidas com as tarefas de planejamento e controle social, e de Comissões Estaduais de Informações sobre Alfabetização e Educação de Jovens e Adultos responsáveis pela coleta de informações sobre a alfabetização e EJA no Estado para elaborar Planos Estaduais de Ação e Aplicação de execução das Agendas Territoriais. Apesar dos incentivos financeiros oferecidos pelo Governo por meio das resoluções do PBA, a implementação das Agendas tem sido problemática (IRELAND, 2012).

É interessante observar o perfil dos alunos da EJA, entre o período de 2004 e 2010 (IRELAND, 2012):

93% dos analfabetos recebem na faixa de até dois salários mínimos;

aumento de 12% no contingente da faixa etária de 65 anos ou mais;

62% dos matriculados na EJA são pessoas de 15 a 49 anos;

13% dos matriculados são pessoas acima de 65 anos, segmento da população em que mais concentra o analfabetismo;

alunos da EJA são de maior parte mulheres.

O perfil da EJA no Brasil, em concordância com ALMEIDA, 2016, pode ser caracterizado como um mosaico de programas, pautados pela preocupação em certificar os alunos, desconsiderando as especificidades dos trabalhadores, uma vez que os alunos dessa modalidade trazem "à relação educativa as suas experiências sociais, advindas de suas condições subalternas de sobrevivência, ou seja, do seu lugar de classe". Nesse sentido ainda revela "a distribuição desigual de oportunidades educacionais, continua a ser uma questão derivada da origem socioeconômica e das assimetrias de poder daí originárias" (Rummert, 2007, p. 80 apud Almeida, 2016, pg. 623).

Ainda, ALMEIDA, 2016, pg. 627,

Compreende-se que a relação existente entre a educação e a EJA é também uma questão política, conforme afirma Gramsci (2000). A caracterização dos programas das denominadas "políticas atuais para a EJA" confere e reforça uma educação com conteúdo de subalternidade, em uma combinação funcional das desigualdades. Três aspectos podem ser destacados no tocante aos cursos, em todos os estados, cuja oferta iniciou no ano de 2008. O primeiro aspecto refere-se às altas taxas de evasão, uma média aproximada de 50% das vagas iniciais; o segundo corresponde à concepção de projetos de cursos sem considerar as especificidades do grupo atendido, em sua maioria trabalhadores; e o terceiro aspecto está relacionado a uma significativa parcela dos docentes sem qualificação específica para o atendimento da referida modalidade da educação (Almeida, 2016, pg. 627).

3. A EJA e o Mercado de Trabalho

Além dos aspectos pedagógicos da Educação de Jovens e Adultos, como dito anteriormente, a EJA possui também relação com a economia, não apenas pelo perfil dos alunos, mas pela a importância da educação no crescimento e desenvolvimento econômico, principalmente quando se trata de emprego e geração de renda.

Lehmann et al, apresenta a importância da educação na obtenção de emprego,

> Educação informal, não-formal e formal exercem algum impacto na obtenção de emprego. Todavia, a influência da educação formal é evidente apenas quando a variável é medida no formato não-linear, o que faz a distinção entre escolaridade "apropriada" e "não-apropriada". O efeito positivo da educação não-formal, por sua vez, é limitado ao treinamento, que, por natureza, é geral. A educação não-formal específica relaciona-se negativamente com o emprego, sugerindo que a especialização extrema pode reduzir as oportunidades de emprego do trabalho. [...] Na contratação, os empregadores obviamente preferem os candidatos com evidências de possuírem um aprendizado geral, conforme indicam suas preferências pelo fator idade à experiência de trabalho, nível primário ao nível secundário de ensino formal e treinamento geral ao específico (LEHMANN et al, pg. 641, 1986).

Dessa forma, uma educação formal e generalista são importantes para obtenção de emprego. A EJA, por sua origem e características, possui essas características possibilitando aos seus participantes uma perspectiva de inserção no mercado de trabalho.

Outra relação da educação com a economia situa-se nos efeitos estruturais que a economia implica em uma educação de boa qualidade. Cordeiro, pg. 25, 2006, ao debater sobre o período que uma criança leva em média para concluir o ensino fundamental, de 12 conta a 13 anos, aponta que 50 milhões de brasileiros ou fracassam na obtenção do diploma de primeiro grau ou quando o obtém, o ensino não é de qualidade, "por de problemas estruturais, tais como: baixa remuneração dos professores, insuficiência de qualificação de professores, metodologia do ensino" (CORDEIRO, pg. 25, 2006).

Ainda, ao se relacionar a educação e a economia, a política econômica adotada na América Latina no século XX, welfare state, revela essa ligação,

> Draibe (1997), ao fazer um balanço das reformas implementadas nas últimas duas décadas na América Latina, observa que a construção do *Welfare State* nos países latino-americanos foi edificado de "modo imperfeito e deformado" dado os problemas de ordem estrutural e institucional. [...] Podemos perceber que o cenário econômico, político, social e cultural do final do século XX foi marcado por profundas transformações na sociedade contemporânea, ocorrendo um grande avanço no campo técnico científico, a intensificação da globalização intensiva dos mercados, o aumento do desemprego estrutural, a precarização das relações de trabalho e a crescente utilização do conhecimento como um dos mais importantes componentes das forças produtivas do capitalismo. [...] Por outro lado, a educação tem assumido novas dimensões frente às alterações

estruturais do sistema capitalista. [...] Nesta perspectiva, a escola tem sido chamada a redefinir suas funções para atender às exigências do mercado. (OLIVEIRA et al, pg. 99, 2006).

Em virtude da forma como foi desenvolvida a globalização e implantado o Walfare State nos países da América Latina, incluindo o Brasil e suas unidades da federação, como o Estado do Amazonas, em virtude das estruturas econômicas, das políticas sociais e culturais dessas localidades, implicou no aprofundamento das desigualdades sociais e econômicas, com desemprego, precarização das relações do trabalho, sendo o investimento na educação um dos pilares para combater essas situações desfavoráveis.

A importância da educação na economia aparece também nos trabalhos sobre crescimento econômico desenvolvidos pelo teórico Lucas, no ano de 1988, que "introduz na análise um quarto fator de produção: o capital humano, entendimento como esforço acumulado de investimento visando a melhoria do nível de conhecimento e qualificações profissionais dos trabalhadores" (CEPAL-UNESCO, 1995, pg. 46).

Para o autor, por meio da educação, caracterizada pelo investimento no capital humano, reverte-se a tendência econômica dos rendimentos decrescentes dos fatores de produção (terra, maquinário, insumos, mão de obra, dentre outros), promovendo, dessa forma um aumento na produção e, portanto, na riqueza da localidade, consequentemente, um crescimento econômico.

As teorias de Lucas, a globalização e o Walfare State influenciaram o pensamento e as políticas econômicas no Brasil "principalmente durante fins da década de 1960 e 1970, em que a política educacional passa a se preocupar com o retorno dos investimentos em educação" (CORDEIRO, pg. 18, 2006). Nesse sentido,

> Frutos dessa política são a Reforma Universitária de 1968 e a Lei de Profissionalização do Ensino Médio de 1971, que se baseiam na constatação da deficiência de mão-de-obra qualificada, necessária ao desenvolvimento econômico do país e a discrepância entre a preparação oferecida pelo sistema educacional e as necessidades da estrutura de emprego. Porém, é importante destacar a política econômica e desenvolvimentista contida na Reforma Universitária; ou seja, a idéia de que a universidade se revela inadequada para atender às necessidades do processo de desenvolvimento e modernização que estava ocorrendo exigindo daí a racionalização das atividades universitárias (criação do departamento, do sistema de créditos, do ciclo básico), a fim de lhes conferir maior eficiência e produtividade, aspecto peculiar à análise econômica da educação (SOBRAL, pg. 03, 2000 apud CORDEIRO, pg. 18, 2006).

Destaca-se que, com os novos paradigmas, a preocupação dos governantes brasileiros foi desenvolver políticas e programas para promover uma educação profissionalizante, preparando jovens, adultos, como mão de obra apta para o mercado de trabalho, servindo para executar as ordens dos empregadores.

A relação entre educação, trabalho e desenvolvimento econômico é estreita e pode ser observado

> No seu Relatório de Observação N. 4 (2011), o Conselho de Desenvolvimento Econômico e Social – CDES [2], dentre outros aspectos, (a) afirma que "a Educação é um direito de todos e deve ser adotada como prioridade estratégica para o desenvolvimento brasileiro"; (b) considera que a educação das pessoas para a vida e para o trabalho constitui o fator crítico que marca a diferença entre crescimento e desenvolvimento de um país, e (c) argumenta que a escolarização tem se tornado o veículo principal adotado pela sociedade para educar pessoas para a vida e o mundo do trabalho (IRELAND, 2012).

Nesse sentido a Lei 9.394/96 art. 37, § 3, entende que "a educação de jovens e adultos deverá articular-se, preferencialmente, com a educação profissional, na forma do regulamento" (BRASIL, 1996) Para FREITAS, 2018, o desejo do jovem em buscar emprego, se depara com sua falta de qualificação, seja por conta de não concluir a educação básica, seja pelo domínio parcial das novas tecnologias, assim os jovens e adultos desse grupo, em época de desemprego aumentam a busca pelo ensino profissional e técnico.

Em relação às políticas educacionais visando o crescimento econômico, Lehmann et al, pg. 641, 1986, aponta que ao se formular as políticas, não se deve tentar substituir o treinamento profissional pela educação formal, devendo ser oferecido ensino para todos, principalmente o primeiro nível, e viabilizar, fora do âmbito da escola, oportunidades de treinamento profissional, dando ênfase a um aprendizado básico e generalizável.

Ainda, deve-se destacar que

> Os programas de educação de adultos na América Latina têm três componentes distintos e complementares entre si: a alfabetização e os cursos de ensinamentos gerais para adultos, o treinamento nas empresas e a capacitação ministrada por instituições públicas de formação técnica. [...] A luta contra o analfabetismo obteve expressivo êxito em 1985, quando pela primeira vez os avanços na alfabetização superaram o ritmo de crescimento demográfico. [...] Aproximadamente metade das pessoas analfabetas da região está no Brasil e, dessas, mais da metade vive nos centros urbanos (CEPAL-UNESCO, pg. 98-99, 1995)

A procura dos jovens e adultos por educação vai além do aprender a ler e escrever, mas necessitam entender as entrelinhas de ser cidadão e participar ativamente da sociedade. Na mesma direção, existem projetos ofertados por diversas instituições de ensino, seja federal, estadual ou municipal, com alta procura, mas que em muitos casos a maioria dos jovens e adultos nem ficam sabendo da existência dos cursos, são propostas muito boas, "mas falta mais dedicação, a maioria da população não fica nem sabendo da oportunidade, e os que ficam se deparam com a forte concorrência" (FREITAS, 2018).

Dessa forma, as políticas e programas da EJA devem buscar o ensino generalizado e o treinamento profissional, ofertando cursos principalmente nos centros urbanos, onde está concentrado o maior número de analfabetos do Brasil.

Concomitante com o problema relatado, ALMEIDA, 2016, pg. 622, apresenta outros problemas:

> 1. A desarticulação das políticas públicas, ancoradas em programas e projetos, oriundos de ações fragmentadas. 2. A ausência de formação inicial e continuada. 3. A falta de ampliação e universalização das políticas públicas para a EJA. 4. O financiamento adequado para a oferta desta modalidade.5. O fortalecimento dos órgãos federais, estaduais e municipais que atuam com a EJA. 6. A melhoria das condições infraestruturais e humanas nas instituições educacionais de EJA (ALMEIDA, 2016, pg. 622).

A somatória desses problemas combinado com o desenvolvimento desigual de um país capitalista dependente, estão presentes na formação da massa trabalhadora, implicando para intensificar a pauperização das condições de vida dos indivíduos, bem como, essa realidade leva esses mesmos indivíduos a buscarem alternativas fragmentadas e ações descontínuas, cuja consequência faz com que o Estado se distancie da responsabilidade na geração do desemprego e da destruição dos direitos trabalhistas educacionais e sociais (ALMEIDA, 2016, pg. 622).

Ao passo que os clientes da EJA, estão inseridos ou buscando se inserir no processo profissional, uma outra forma de analfabetismo os afeta ou lhes causa preocupações, o analfabetismo funcional, incluindo o analfabetismo virtual, limitados os aparatos da informática, do mercado e da comunicação virtual (ROMANZINI, 2018, pg 3).

Outra faceta dos alunos da EJA, segundo ROMANZINI, 2018, pg 6, por pertencerem, em sua maioria, ao grupo dos trabalhadores, "a eles, trabalhadores, é destinado um tipo específico de educação: fragmentada, superficial, de baixíssima qualidade, formatada para a composição de um exército de reserva de mão de obra barata e disponível a qualquer tempo".

Ao passo que os alunos formados na EJA pertencente ao mercado de trabalho são integrantes do exército de reserva da mão de obra, a mais valia deles extraída ocorre justamente pelo fato de possuírem uma certificação. ROMANZINI, 2018, pg. 8-9, enfatiza esse fato:

> A mais valia contemporânea visa um trabalhador de formação educativa precária, contanto que certificada. O que no limite, é uma escolarização questionável. Não é preciso necessariamente competência e sim, ser levado a acreditar que quanto maior a escolarização, maior será a possibilidade do emprego. E posteriormente, independente de sua competência ou certificação, trabalhar o máximo para receber o mínimo possível, seja na forma de salários e ou na forma de direitos trabalhistas e sociais [...] Ora, é fato que maior nível de educação não implica necessariamente nas melhores oportunidades de trabalho. No entanto, o discurso neoliberal de quanto maior a educação, melhor a situação de vida profissional e por decorrência econômica é imperativo. Pois também é um discurso instituído oficialmente pelo Estado em campanhas pela educação pública, em campanhas de redes de televisão aberta como mesmo propósito, e como condição pulverizada em regras declaradas ou sutis pelas empresas de capital privado e instituições em geral para admissão e demissão de empregados. Mas na prática, para estudantes trabalhadores, os resultados são pífios e insatisfatórios. Seja esse resultado em nível de desenvolvimento individual, seja em termos de redução da desigualdade social. A classe trabalhadora, ou a classe que depende do ensino público para sua qualificação, além de não obter qualificação, perde também a consciência mais ampla da cidadania, na medida em que é levada a confundir cidadania com escolarização (ROMANZINI, 2018, pg. 8-9).

Desta forma, ficam evidentes que as políticas neoliberais presente no Estado brasileiro, ao mesmo tempo, forma um exército de reserva de mão de obra, oriundos das camadas mais populares da sociedade, que possuem certificado de escolaridade, porém de baixa qualidade, assim, implicando em uma baixa remuneração e na dificuldade em acessar cursos universidades oferecidos pelo próprio Estado,que são preenchidos, em sua maioria, pela meritocrata elite.

Ainda nessa pauperização da qualidade da EJA que encontram diversos perfis de alunos, segundo ROMANZINI, 2018, pg, 20:

a) Os adultos que buscam a certificação do ensino médio para ingresso, ou obter uma situação mais favorável no mundo do trabalho;

b) alunos que procuram ingressar na universidade pública;

c) jovens que se recusam ao ensino normal por conta do tempo reduzido e das avaliações mais flexíveis oferecidos pela EJA; e

d) alunos problemas, portadores de algumas necessidades especiais e os que cumprem medidas sócio educativas.

Esses alunos enfrentam a realidade do mercado de trabalho, orientado pelo toyotismo,

> O toyotismo baseia-se na produção enxuta, no padrão dito flexível e caracteriza-se pelo uso de inovações tecnológicas, como também pelas mudanças na forma de organizar e gerir o trabalho. Além do mais, a atuação do trabalho se baseia ainda na produção voltada para o erro zero, eliminação do desperdício e intensificação do uso do tempo. Um dos seus princípios é o da diversificação e flexibilização, via empresas que utilizam a automação e a integração, cuja organização e gestão da produção fundamentam-se em novos métodos (como just in time, kanban, CCQ). Como o princípio do modelo toyotista é a gestão pelos estoques, ou seja, uma fábrica mínima, ele pode significar ainda a redução do contingente de trabalhadores necessários à produção, ao contrário do paradigma taylorista-fordista, que atuava no setor produtivo com um grande número de trabalhadores. Nesse sentido, ganha destaque a flexibilização do contrato de trabalho, por meio da criação de diferentes formas de subproletarização, tais como: terceirização, emprego em tempo parcial, temporário ou subcontratado (ANTUNES,1999; ALVES, 2000, apud COSTA, 2013, pg. 91-92).

Nesse sentido, o trabalhador se sente na obrigação, e é cobrado, para buscar a escolarização, mesmo que somente para ganhar o certificado, como apontou Romanzini, cumprindo os objetivos da elevação da escolarização básica:

a) elevar o nível de escolaridade dos trabalhadores, mudança que se impõe tanto para o melhor desempenho profissional, quanto para o desenvolvimento de atitudes mais receptivas a mudanças; b) dotar o trabalhador de uma base sólida de educação geral, condição necessária para maior treinabilidade em serviço e para programas de educação continuada, adaptando-os, dessa forma, à flexibilidade e às crescentes mudanças nos processos produtivos (COSTA, 2013, pg. 94)..

Por fim, observa-se que a EJA se construiu e se desenvolveu para atender, na sua maioria, trabalhadores que compõem o exército de reserva de mão de obra, que busca um certificado para vencer as barreiras impostas pelo toyotismo, e, ao mesmo tempo, é o próprio mercado de trabalho que esvazia os projetos de EJA, visto que "as dificuldades que os alunos possuem em conciliar trabalho e estudo, optando muitas vezes em priorizar o segundo, isto é, prioriza o que possibilita as condições materiais de sobrevivência mais imediata" (COSTA, 2013, pg. 99).

4. A EJA sob a Ótica do Aluno de uma Escola do Município de Manaus

No intuito de conhecer a realidade da EJA no município de Manaus foi desenvolvido um questionário com os alunos da Escola Estadual Prof Agenor Ferreira Lima, no total de oito discentes, que responderam alguns questionamentos: o que motivou o aluno a participar da EJA? o aluno trabalha ou Já trabalhava antes de entrar na EJA? em qual série o aluno parou antes de entrar na EJA, informando os motivos, e por quanto tempo? Existem dificuldades para o aluno acompanhar as aulas, informando quais? Qual a percepção do aluno da importância da EJA para sua vida particular e profissional? E qual a expectativa do aluno após se formar no EJA, se continuar estudando (faculdade ou profissionalizante) ou buscar um emprego melhor?

Assim, para cinco alunos, exaltam o trabalho dos professores como combustível principal para motivação em continuar e voltar aos estudos, apontam também qualificações para o mercado de trabalho, aprendizagem escolar, ociosidade no lar, e boa estrutura escolar como principais motivos de ingresso e participação no EJA. Três alunos não se manifestaram.

Quatro alunos não trabalham, mas trabalhavam antes de ingressar no EJA. Dois alunos trabalhavam no momento do ingresso do EJA. Uma pessoa das 8 horas não trabalhavam nem antes ou depois do ingresso no EJA.

Três alunos pararam na oitava série por motivos como dificuldade de locomoção para escola; um aluno parou o estudo no 9º ano por dois anos por motivo de trabalho; dois alunos tiraram seus estudos, na sétima série por motivos relacionados à família; um aluno parou os estudos no quinto ano, há 20 anos, por dificuldades financeiras.

Seis a oito acusaram não existe dificuldade no aprendizado. Dois a oito alunas acusam fatores como trabalho e cuidado com a família como dificuldades no processo de aprendizagem e educação.

Um aluno respondeu que não sabiam. Cinco responderam que a EJA ajuda o conhecimento, promove objetivos, aprendizado para entrevista de trabalho, e adquirir conhecimentos avançados nos estudos

Quatro alunos esperam ingressar na faculdade, como medicina, engenharia mecânica e chefe de cozinha, bem como realizar concursos para servidor público. Um aluno quer se formar para ganhar sua independência. Dois alunos apenas responderam "sim".

Observou-se, por meio desta conversa com os alunos que a maioria dos alunos ingresso na EJA possuem o desejo em encontrar emprego, ou, os que já possuem emprego, esperam melhorar o emprego que já tem. Foi verificado, também, que a minoria dos alunos da EJA tem a intenção de voltar ou participar do mercado de trabalho. Sobre o mercado de trabalho existe um sentimento de desencorajamento ou ilusão.

Ainda, percebe-se que a maioria dos alunos estagnou seus estudos por conta das dificuldades de locomoção até a escola, relações familiares conturbados, necessidades de trabalho e dificuldades financeiras.

Outrossim, a maioria das respostas apontam que não há dificuldade no aprendizado, remetendo ao processo de ensino praticado pela escola que aparenta ter aprovação da maioria dos estudantes entrevistados. A minoria dos entrevistados informaram dificuldades, as quais estavam relacionadas a fatores como emprego e cuidados com a família.

Por fim, destaca-se a indecisão a respeito do futuro da vida da pessoa além da EJA, apesar da aceitação positiva do curso, ainda sim, alguns alunos permanecem na dúvida sobre o que fazer após concluírem o curso, em grande parte por conta da pesada carga de trabalho diária, aliada a falta de tempo para os estudos.

Levando em consideração o relatado, nota-se uma grande vontade dos alunos do EJA em finalizar o curso e progredir além dele.

5. Conclusão

Os Programas voltados à Educação de Jovens e Adultos (EJA) remete aos tempos da colonização do território brasileiro, em que os colonizadores tinham a missão de catequizar os nativos. Com o desenvolvimento do Estado Brasileiro e da instalação do sistema econômico capitalista, um novo objetivo surgiu para os programas da EJA: aumentar o exército de reserva de mão de obra brasileira.

A redemocratização do Estado Brasileiro e as transformações do capitalismo, com o toyotismo, implicaram na implantação de outros programas e projetos com o mesmo objetivo: alfabetizar jovens e adultos para dar-lhes uma certificação e constituir o exército de reserva de mão de obra.

Dessa forma percebe-se uma nítida relação entre a educação e o emprego, no qual possuir um diploma permite ao indivíduo oportunidades de ocupação e uma melhora na renda, e ainda, quanto melhor a economia e oferta de emprego, a procura pelos cursos da EJA diminui, bem como, quanto maior o nível de desemprego, a busca por uma certificação de ensino fundamental e médio por jovens e adultos cuja escolaridade está defasada aumenta, apresentando-se, assim, uma relação inversa entre oferta de trabalho e interesse nos cursos voltados à EJA.

Pelos questionários percebe-se a dificuldade em desenvolver os programas e projetos voltados à EJA, em virtude da infraestrutura urbana de Manaus, dos problemas sociais envolvendo os alunos, por questões financeiras e pela relação exposta nacionalmente inversa existente entre oferta de trabalho e demanda por cursos voltados à EJA.

A Educação de Jovens e Adultos é ferramenta de emancipação e, ao ser tratada apenas como como certificação para o mercado de trabalho, acaba por perder seu caráter transformador. Os questionários e entrevistas aplicados ao longo da pesquisa confirmam a importância do acesso à educação em toda etapa de desenvolvimento do ser humano, bem como o desejo dos alunos em aprender.

A realidade imposta pela descontinuidade de projetos, aliada com a imposição do mercado de trabalho, leva a educação a perder seu viés emancipatório, etapa de desenvolvimento humano, comunitária e idealizado pelos alunos, para servir a lógica da formação do exército industrial de reserva. No entanto, essa realidade pode ser combatida com esforço comum em prol da educação. Exigir e construir essa educação com viés democrático e libertador é fundamental para a conscientização de futuras gerações, sendo trabalho dos educadores proporcionar esse direito.

6. Referências

ALMEIDA, Adriana de, CORSO, Angela Maria. A Educação de Jovens e Adultos: Aspectos Históricos e Sociais. EDUCERE - XII Congresso Nacional de Educação. ISSN 2176-1396. PUCPR, Curitiba, 26 a 29/10/2015.

ALMEIDA, Adriana. POLÍTICAS ATUAIS PARA A EDUCAÇÃO DE JOVENS E ADULTOS TRABALHADORES: concepções e desafios. Atas CIAIQ 2016, Vol. 1

BRASIL. Lei nº 9.394, de 20 de dezembro de 1996.

CAVALCANTI, Marcia Molina, MOURA, Johnson Pontes de. Estudo da Política da Educação de Jovens e Adultos (EJA) no Brasil. Disponível em: <http://www.conteudojuridico.com.br/?artigos&ver=2.29585&seo=1>. Visto em 13/11/2017.

CEPAL. UNESCO. Educação e Conhecimento: Eixo da Transformação Produtiva com Equidade. IPEA/CEPAL/INEP. Brasília 1995.

CERVO, Amado Luiz; BERVIAN, Pedro A; DA SILVA, Roberto. Metodologia Científica. 6ª ed. São Paulo, SP: Atlas, 2007.

CORDEIRO, Melyse Amaralina da Silva. Aspectos Regionais da Educação e Competitividade. Relatório Final PIB-SA/004/2005. Programa Institucional de Iniciação Científica. UFAM. Manaus, 2006.

COSTA, Clarice Gomes. DESAFIOS DA EJA EM FACE DAS TRANSFORMAÇÕES DO TRABALHO Revista Lugares de Educação. Vol. 3, n. 6. Bananeiras/PB. Julho/Dezembro 2013.

FEITOZA, Ronney. Os Movimentos de Educação Popular da Década de 60 e suas Contribuições para a EJA.

FREIRE, Paulo, NOGUEIRA, Adriano. QUE FAZER: Teoria e Prática em Educação Popular. Editora Vozes, 4ª Edição. Petrópolis, 1993;

FREITAS, Giuliano. A EJA E O PREPARO PARA TRABALHO. Brasil Escola Disponível em <https://brasilescola.uol.com.br/educacao/a-eja-preparo-para-trabalho.htm>. Acesso em 16/3/2018.

GIL, Antonio Carlos. Como Elaborar Projetos de Pesquisa. 4ª ed. São Paulo, SP: Atlas, 2002.

IBGE. Censo Demográfico 2010. Visto em http://www.ibge.gov.br/home/estatistica/populacao/censo2010/default.shtm no dia 4 de abril de 2017.

IRELAND, Timothy D. EDUCAÇÃO DE JOVENS E ADULTOS COMO POLÍTICA PÚBLICA NO BRASIL (2004 – 2010): os desafios da desigualdade e da diversidade. Rizoma Freireano. n 13, 2012. Disponível em < http://www.rizoma-freireano.org/educacao-de-jovens>. Acesso em 28/5/2018.

LEHMANN, Rainer H., VERHINE, Robert E. Educação e Obtenção de Empregos Industriais no Brasil: Para um Modelo Causal Aprimorado. [Pesquisa Planejamento Econômico. 16 (3), pg. 621-646. Rio de Janeiro. dez. 1986.

MINISTÉRIO DA EDUCAÇÃO. Disponível em <http://googleweblight.com/i?u=http://portal.mec.gov.br/component/tags/tag/32737-eja&hl=pt-BR>. Acesso em 19/5/2018

MINISTÉRIO DA EDUCAÇÃO. Portal da Educação. Disponível em <http://portal.mec.gov.br/component/tags/tag/32737-eja>. 2018. Acesso em 20/6/2018;

OLIVEIRA, Selma Suely Baçal de, OLIVEIRA Sônia Selena Baçal de. Políticas Sociais no Brasil: a Questão do Direito à Educação. Amazônia: Revista de Pós-Graduação em Educação da UFAM, ano 11, n. 2, p. 61-88, jul./dez. 2006.

OLIVEIRA, M. S. O. Trabalho e Educação: Um Olhar sobre a educação de jovens e adultos e a relação com o mundo do trabalho. Dissertação apresentada ao Programa de Pós-Graduação em Educação da Universidade Federal do Amazonas, sob orientação da Dra. Suely Baçal de Oliveira. Manaus/AM, 7 de fevereiro de 2007.

PEDAGOGIA AO PÉ DA LETRA. HISTÓRICO DA EJA NO BRASIL. Disponível em < https://pedagogiaaopedaletra.com/historico-da-eja-no-brasil/>. 2013. Acesso em 20/6/2018.

PIERRO, Maria Clara de di, JOIA, Orlando. VISÕES DA EDUCAÇÃO DE JOVENS E ADULTOS NO BRASIL. Cadernos Cedes, ano XXI, nº 55, novembro/2001.

PINHO,   Angela.   Folha   de   São   Paulo.   Disponível   em <https://m.folha.uol.com.br/amp/educacao/2016/08/1807683-governo-temer-suspende-programa-nacional-de-combate-ao-analfabetismo.shtml>, 28/08/2016. Acesso em 20/5/2018.

ROMANZINI, Beatriz. EJA – Ensino de Jovens e Adultos e o mercado de trabalho. Qual ensino?   Qual   trabalho?   Visto   em http://www.uel.br/projetos/lenpes/pages/arquivos/aBeatriz%20Artigo.pdf. no dia 7 de março de 2016.

SILVA, Joelma Batista da, PLOHARSKI, Nara Regina Becker. A Metodologia de Ensino Utilizada pelos Professores da EJA - 1º Segmento - em Algumas Escolas da Rede Municipal de Ensino de Curitiba. EDUCERE - X Congresso Nacional de Educação. PUCPR, Curitiba, 7 a 10/11/2011.

Visto em www.todospelaeducacao.org.br no dia 1º de setembro;

Visto em http://portal.mec.gov.br/proeja no dia 1º de setembro;

Visto em http://www.educacao.am.gov.br no dia 1º de setembro.

SILVA, Ana Carolina de Melo. POLÍTICAS EDUCACIONAIS PARA EDUCAÇÃO DE JOVENS E ADULTOS NO BRASIL: MARCOS LEGAIS E SOLICITAÇÕES DA REALIDADE. Ensaios Pedagógicos. Vol. 1, n 2. Sorocaba/SP, maio/agosto 2017.

AUTORES

Luiz Eduardo Pinheiro Nistal

Graduado em economia pela Universidade Federal do Amazonas (UFAM), MBA em Administração Pública e Gerência de Cidades pelo Centro Universitário Internacional UNINTER, mestre em Desenvolvimento Regional pela Universidade Federal do Amazonas (UFAM). Economista da Suframa onde exerce atividade de repactuação, reajuste e reequilíbrio econômico e financeiro dos contratos administrativos

Sergio Nogueira do Nascimento

bacharel em administração de empresas com ênfase em análise de sistemas pela UniNorte, especialista em administração hospitalar e gestão de sistemas de saúde pela FGV. Administrador na Suframa, lotado no gabinete da superintendência, realizando análise e emissão de parecer quanto aos recursos pertinentes a obrigação de investimento em p&d por parte das empresas.

Gerasid Matos Castelo Branco

Graduada em ciências Econômica pela UA -Universidade Federal do Amazonas - pós graduação em Análise de Planejamento Governamental, pela Fundação Getúlio Vargas e em Análise Econômica (privada e Social) de projeto, Ministrado pela Sudam /PNUD . Analista Técnico Administrativa Suframa.

Melquíades Ferreira Campos Neto

Graduado em Engenharia Elétrica pela Universidade Federal do Amazonas – UFAM (1983), especializações em Engenharia e Segurança do Trabalho e Servidor Federal da Suframa e em Gestão Pública.

Louise Marlyne Cordeiro Nistal

Estudante das Ciências Humanas e Biológicas, empresária e Graduada em Pedagogia pela Universidade Federal do Amazonas - UFAM.